梦 情

我爱

·编著

ng Jiaxiangqing

河北

山东画报出版社

图书在版编目（ＣＩＰ）数据

我爱河北/张徽贞编著. —济南：山东画报出版
社，2014.2
　　（中国梦家乡情丛书）
　　ISBN 978－7－5474－1192－6

　　Ⅰ.①我… Ⅱ.①张… Ⅲ.①河北省—概况—青年读
物②河北省—概况—少年读物 Ⅳ.①K922.2－49

　　中国版本图书馆 CIP 数据核字（2014）第 029196 号

责任编辑　李新宇
装帧设计　林静文化
主管部门　山东出版集团有限公司
出版发行

　　　社　　址　济南市经九路胜利大街 39 号　邮编 250001
　　　电　　话　总编室（0531）82098470　　（010）61536005
　　　　　　　　市场部（0531）82098479　82098476（传真）
　　　网　　址　http：//www.hbcbs.com.cn
　　　电子信箱　hbcb@sdpress.com.cn
印　　刷　北京山华苑印刷有限责任公司
规　　格　165 毫米×225 毫米
　　　　　12 印张　40 幅图　112 千字
版　　次　2014 年 3 月第 1 版
印　　次　2014 年 3 月第 1 次印刷
定　　价　23.50 元

序 言 PREFACE

月是故乡明

"中国梦　家乡情"丛书出版了，可喜可贺！

对家乡故土的眷恋可以说是人类共同而永恒的情感，对家乡和祖国充满热爱与牵挂，更是具有深厚文化底蕴和历史积淀的中华民族传统美德。

"乡愁是一枚小小的邮票，我在这头，母亲在那头。"台湾著名诗人余光中的《乡愁》诗曾在海峡两岸同胞心中激起强烈的共鸣。诗人把对亲人、家乡、祖国的思念之情融为一体，表达出远离故乡的游子渴望叶落归根的浓郁而又强烈的家国情怀。纵览历史长河，历代志士文人留下了多少对家乡魂牵梦萦的不朽诗篇，激励着一代代中华儿女的爱国思乡情怀。李白的"举头望明月，低头思故乡"、杜甫的"露从今夜白，月是故乡明"，无一不是抒发浓浓的思念故土之情。

民族传统文化是一条奔流不息的长河，从古至今，绵延不绝。家乡是一棵枝繁叶茂的大树，守护着我们的生命，铭记着我们的归属。而薪火相传的家乡文化则是一方沃土，拥有着最厚重、最持久、最旺盛的生命力，滋养着一代又一代的青少年茁壮成长。中国有着九百六十万平方公里的土地和辽阔的领海，山河壮丽，幅员辽阔，物华天宝，人杰地灵。不同的地域有着不同的源远流长的家乡文化，辉煌灿烂，博大精深，特色鲜明，各有千秋。

一方水土孕育一方文化，一方文化影响一方经济、造就一方社会。在中华大地上，不同地域有着不同的自然地理环境、民俗风情习惯、政治经济情况，形成了各具特色的地域文化。中国是世界上最古老的文明国家之一，有着几千年光辉灿烂的文明历史，行政区划的历史也十分悠久。从公元前688年的春秋时期开始置县，中国的行政区划至今已有2500多年的历史。作为最高一级的行政区划单位，省级行政区域的设立和划分起源于元朝。后来不同朝代和历史时期多有调整，到目前为止，我国共有23个省、5个自治区（自治区是中国少数民族聚居地方实行民族区域自治而建立的相当于省的行政区域）、4个直辖市（直辖市是人口比较集中，在政治、经济、文化等方面具有特别重要地位的省级大城市）、2个特别行政区（特别行政区与省、自治区、直辖市同属直辖于中央人民政府的地方行政区域）、此外，台湾作为一个省份，

也是中国领土不可分割的组成部分。这套丛书即是以省级行政区划为单元分册编写的。

　　这套丛书以青少年为阅读对象，力求内容准确可靠，详略得当，行文通俗，简洁流畅，注重知识性、趣味性、可读性，让青少年较为系统地了解家乡的自然环境、山川河流、资源物产、悠久历史、杰出人物、文化遗产、民俗风情、名胜古迹、经济建设……感受祖国各地的家乡之美。通过这些文化元素的熏陶，培养青少年对祖国和家乡的朴素感情，引导青少年热爱生于斯、长于斯的这片沃土，陶冶情趣，铸造性情。希望广大青少年认真阅读，汲取这套家乡文化读本中的精华，进而树立热爱家乡、热爱祖国的决心和信念，为建设家乡、建设祖国贡献力量。

（原新闻出版总署署长）

2014年2月6日

目 录 CONTENT

第一章

山川秀丽　沃野千里

　　河北省地处华北，北依燕山，南望黄河，西倚太行，东陈沃野，内守京津，外环渤海。各种地貌单元齐全，物产及旅游资源丰富。山地主要由燕山和太行山西大山脉组成，高原为坝上高原，平原为河北平原，海河、滦河两大水系流经境内。

∧"北国江南"白洋淀

第一节　河北自然环境概述

一、地理概况

河北省地处中纬度沿海与内陆交接地带，北倚燕山，南望黄河，内守京津，外环渤海，周边分别与内蒙古、辽宁、山西、河南、山东等省毗邻，海岸线长 487 公里，全省面积 18.88 万平方公里。

河北省地势西北高、东南低，由西北向东南倾斜。西北部为山区、丘陵和高原，其间分布有盆地和谷地，中部和东南部为广阔的平原及滨海滩涂。坝上高原、燕山和太行山山地、河北平原三大地貌单元，使河北成为全国唯一兼有高原、山地、丘陵、平原、湖泊和海滨的省份。

坝上高原属蒙古高原的南缘，面积约 1.60 万平方公里，占河北省总面积的 8.5%。地貌特征以丘陵为主，湖泊点缀其间，是河北省的重要林区。

山地主要由燕山和太行山两大山脉组成，广义的河北山地由山地、丘陵、盆地三部分组成，总面积约为 9.01 万平方公里。燕山集中了河北省大部分的天然森林、天然草场，太行山则是河北平原的天然屏障。丘陵主要分布在太行山东麓和燕山南麓，水肥条件较好，是干鲜果品集中产区，也是矿产资源集中分布的地区。盆地面积较大，主要分布在张家口地区、洋河流域和桑干河流域，是山区农业较发达的地区。

山川秀丽　沃野千里

∧ 坝上高原

河北平原是华北大平原的一部分，约 5.72 万平方公里，分布于河北省中部及东南部地带，主要由山麓平原、中部平原和滨海平原组成，海河流域贯穿全境。山麓平原分布于太行山东麓、京广（北京—广州）铁路沿线两侧和燕山南麓公路两侧，是全省粮棉油和果品的重要产区；中部平原主要由古黄河、海河、滦河等水系冲积而成，是河北省主要的农区；滨海平原大体位于京沪（北京—上海）铁路以东，唐海、丰南等地以南，沿渤海海岸呈半环状分布，是水稻、水产品、畜产品基地和盐业主要产区。

二、气候特征

河北省属温带大陆性季风气候。大部分地区四季分明。年日照时数 2303.1 小时；年无霜期 81——204 天；年均降水量 484.5 毫米；月平均气

温在3℃以下，七月平均气温18℃至27℃，四季分明。

三、行政区划及历史变迁

　　河北省部分地区古属冀州，故简称冀。河北地处华北，位于渤海之滨，首都北京周围，近郊天津。早在商代时期，邢台曾为都城，西周时为燕国、邢国之地，春秋战国时为燕、赵之地，汉、晋时置冀、幽二州，唐属河北道，元属中书省，明属京师，清为直隶，1928年始称河北省。河北省以地处故黄河以北而得名，现指漳河以北，现辖11地级市、22县级市、108县、6自治县，60多个市县对外开放。河北有汉族、满族、回族、蒙古族等民族，总人口7034.40万。

河北省政区图 >

山川秀丽　沃野千里

第二节 河北的山脉

一、巍巍千里太行山

太行山是中国东部重要的自然界线，又名大形山，五形山。北起北京西山，南达黄河北岸，绵延于晋冀之间，呈北北东走向。是中国陆地地形第二阶梯的东部边缘。吕梁运动期形成太行山雏形，海水在奥陶中期退出。晚古生代时，山体发生凹陷，海水侵入。中生代，南部上升，北部局部拗

<巍巍千里太行山

陷。燕山运动时,形成新华夏式褶皱带。喜马拉雅运动时,表现为强烈断裂,并伴随大幅度拗曲,形成复式单斜褶皱。大致邢台以北,广泛出露太古代和震旦纪地层,并有中生代侵入的酸性岩体;以南广泛出露寒武、奥陶纪地层。

太行山形势险峻,历来为兵家要地。从春秋战国直到明、清,两千多年间烽火不息。太行山山势东陡西缓,西翼连接山西高原,东翼由中山、低山、丘陵过渡到平原。山中多雄关,著名的有位于河北的紫荆关,山西的娘子关、虹梯关、壶关、天井关等。太行山是中华民族祖先最早活动的地区之一,著名的北京猿人、许家窑人就生活在山麓地带。

二、燕山逶迤似屏障

燕山山脉位于河北省北部,西起八达岭,东到山海关,大致呈东西走向。八达岭至密云水库间山地称军都山,密云以东山地为狭义的燕山。海拔 500——1,000 公尺,主峰雾灵山海拔 2,116 公尺。山地南翼出露坚硬的石英岩,形成东西向延伸高脊。长城即沿高脊修筑。滦河、潮白河及其支流将石英岩山脊切出许多隘口,如潘家口、喜峰口、古北口等,成为交通要道和古代重兵防守的险关。

广义的燕山山脉属内蒙古台背斜和燕山沉陷带。北部稳定上升,南部大量沉降。燕山沉陷带震旦纪地层极发育,沉积中心的蓟县、遵化一带厚度达万米以上。中生代末发生强烈构造运动,褶皱成山,故称此期造山运动为“燕山运动”。燕山水资源丰富,素有“九山半水半分田”之称,是滦河、潮白河等多条河流的发源地和汇流处。山地中多盆地和谷地,如承德、平泉、滦平、兴隆、宽城等谷地,遵化、迁西等盆地,是燕山山脉中主要农耕地区。山沟及山前冲积台地上适于果树种植,为中国落叶果树重要分布区之一。

山川秀丽　沃野千里

∧ 燕山逶迤似屏障

第三节 河北的河流和湖泊

　　河北省境内河流多发源于山西高原和太行山、燕山山地，流经河北平原，注入渤海。河北省多年平均水资源总量为 203 亿立方米，其中地表水资源量为 125 亿立方米，地下水资源量为 130 亿立方米，地下水可开采量为 105 亿立方米。境内主要有海河、滦河两大水系。

　　河北省绝大部分地区距海较近，且部分地区滨海，便于海洋潮湿气团入境，加上西部、北部群山迭起，有利降水的形成。以降水和地下水为水源，发育了众多的河流。

一、海河水系

海河水系是河北省最大的水系，多年平均径流量76亿立方米，流域面积达26万平方公里，其中在河北省14万平方公里。海河水系中还有华北地区最大的内陆淡水湖白洋淀。

海河 >

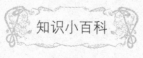
知识小百科

官厅水库

官厅水库是中国海河水系永定河上第一座大型水库，在河北省张家口市怀来县，距北京105公里。永定河为海河水系主要干流之一，大部流经黄土地区，含沙量大（最大达32.2%），有"小黄河"之称。下游泥沙淤积，河床抬高，常泛滥成灾。为了根治永定河，1951年10月开始兴修官厅水库，1954年5月5日建成。水库建于官厅山峡入口处。据传

山川秀丽　沃野千里

明代在此设有"把水官"，监视水情。旧有官厅村，水库因以官厅命名。发电站装机容量为3万千瓦，1955年建成，电力供平津唐电网高峰负荷时工业和照明用。

＜官厅水库

二、滦河水系

　　滦河水系是流经河北省的第二大水系，滦河是河北省国家级旅游城市承德和全省重要工业基地唐山的母亲河。水系多年平均年径流量50.3亿立方米，流域面积达5万多平方公里，其中在河北省4.58万平方公里。

＜滦河

我爱河北

三、京杭大运河

　　京杭大运河，是世界上里程最长、工程最大、最古老的运河之一，为全国重点文物保护单位。北起北京（涿郡），南到杭州（余杭），经北京、天津两市及河北、山东、江苏、浙江四省，贯通海河、黄河、淮河、长江、钱塘江五大水系，全长约 1794 公里，从开凿到现在已有 2500 多年的历史。京杭大运河对中国南北地区的经济、文化发展与交流，特别是对沿线地区工农业经济的发展和城镇的兴起均起了巨大作用。京杭大运河是活着的、流动的重要人类遗产。它和万里长城并称为我国古代的两项伟大工程，闻名于全世界。河北境内的大运河最早开凿于三国时期，总长 435 公里，起自北京，经天津，途经沧州、廊坊等 12 个县市，再南下山东、江苏，至浙江杭州。京杭大运河在河北省境内称南运河，水流向北，成为海河水系

京杭大运河＞

的一支，夏秋季节具有一定的通航价值。

四、白洋淀

　　白洋淀是中国海河平原上最大的湖泊，位于河北省中部，旧称白羊淀，又称西淀，是在太行山前的永定河和滹沱河冲积扇交汇处的扇缘洼地上汇水形成。现有大小淀泊143个，其中以白洋淀较大，总称白洋淀，面积366平方千米。水产资源丰富，淡水鱼有50多种。白洋淀由堤防围护，淀内壕沟纵横，河淀相通，田园交错，水村掩映，素有华北明珠之称，亦有"北国江南、北地西湖"之誉。

　　白洋淀是华北地区最大的淡水湖，水面蒸发量很大（年蒸发量约2亿立方米），对维护湿地生态系统平衡、调节河北平原及京津地区气候、改善温湿状况、补充地下水及保护生物多样性和珍稀物种资源发挥着重要作用。

　　白洋淀属东部季风区暖温带半干旱地区，大陆性气候特点显著，四季分明，春季干旱多风，夏季炎热多雨，秋季天高气爽，冬季寒冷少雪，独特的气候条件造就了这里独特的生境，因此，白洋淀景随时移。春天碧波荡漾，夏季苇绿荷红，秋季荷塘月色，冬季坚冰四野，每个季节都有不同的景色。

<白洋淀

我爱河北

第二章

物华天宝 资源丰富

　　河北地貌多样，资源丰富，物产丰饶。小麦和棉花等农作物是河北的传统优势产业，位居全国前列。境内已发现的矿产资源共100多种，其中尤以铁矿石、石灰岩、煤、石油更为丰富。渤海是我国最大的内海，储藏着丰富的石油和天然气资源，同时丰富的沿海生物资源也有着广阔的开发前景。

∧开滦国家矿山公园

第一节 广阔肥沃的土地资源

河北省是全国粮油集中产区之一，可耕地面积达 600 多万公顷，居全国第四位。由于地区条件的气候差异，农作物种类较多。河北省的农作物中，粮食主要有小麦、玉米、谷子、水稻、高粱、豆类等。河北省是全国三大小麦集中产区之一，大部分地区适宜小麦生长。高产稳产集中产区在太行山东麓平原。全省常年种小麦三四千万亩，总产量一般占到全省粮食产量的 1/3 以上。经济作物主要有棉花、花生、糖用甜菜和麻类等。河北省早就是全国主要产棉区之一，曾被誉为"中国产棉第一省份"，最高种植年份到 1720 多万亩。在全省 11 个省辖市中，有七个市大面积种植棉花，石家庄市以南最为集中，素有南棉海之称。

河北省的果树资源品种很多，分布广、产量大，栽培和野生果树共有 100 多种。河北省有许多著名果品，如昌黎苹果、宣化牛奶葡萄、深州蜜

河北农田 >

物华天宝 资源丰富

桃、赵县雪花梨、京东迁西一带的板栗（又称天津甘栗）、产于泊头、肃宁、辛集、晋州等地的鸭梨（在国际市场上称"天津鸭梨"）、沧州金丝小枣和阜平、赞皇大枣等。

新中国成立以前，河北的经济以农业为主，农业以小农经济为主，耕作技术落后，经营粗放，农作物产量很低。1994 年全省农业产值仅为 20.74 亿元，但却占了工农业总产值的 77.1%，粮食总产量为 80 多亿斤。近几十年来，坚持科技兴农，普及科学技术知识，改善水利条件，发展农用物资，发展高效农业，靠政策调动农民的积极性，使农业生产发生巨大变化。2013 年，全省粮食总产 673 亿斤，创历史最高水平，实现"十连增"，肉蛋禽奶也都有大幅度增长。

第二节　储量丰富的能源资源

一、矿产资源

河北的自然资源中，矿产资源较为丰富。境内矿种较全，已发现的共 100 多种，探明储量的有 60 多种，其中尤以铁矿石、石灰岩、煤、石油等更为丰富。

河北的煤矿主要有开滦、蔚县、宣化下花园、井陉元氏、邢台临城、邯郸峰峰等矿区。

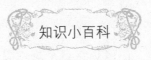

油气资源集中分布于渤海沿岸和海域的冀中、大港和冀东油田。截至
2008 年，石油累计探明储量 27 亿吨，天然气累计探明储量 1800 亿立方米。

大港油田 ▷

二、地热资源

地热资源分布广泛，主要集中于中南部地区。据河北省地热资源开发
研究所统计数据显示，省内地热资源总量相当于标准煤 418.91 亿吨，可

物华天宝 资源丰富

采量相当于标准煤 93.83 亿吨。

全省有开发价值的热水点 241 处，山区 92 处，平原 149 处。全省累计开发地热能井点 139 处。山区热水点平均水温 40-70℃，平原热水点水温最高可达 95-118℃。

三、风能资源

陆上风能资源总储量 7400 万千瓦，近海风电场技术可开发量超过 200 万千瓦。其中坝上地区风能资源储量高达 1700 万千瓦，建有国家第一个风电示范基地——坝上地区百万千瓦级风电基地。2008 年全省新增装机容量 50 万千瓦，总装机达到 110 万千瓦，居全国第三位。

<风能发电

四、太阳能资源

太阳年辐射量为 4981-5966MJ/m^2，年日照时数张家口、承德及沧

我爱河北

州东部为 2800—3000 小时，为全省最大区；邢台、邯郸西部及中部为 2500-2600 小时,是全省最少的地区;其他大部分地区为 2600—2750 小时,日照率为 50%—70%。

第三节　得天独厚的海洋资源

　　河北东临渤海，具有海洋资源的优势。海洋资源通常分为三大类，即海洋空间资源、海洋生物资源和海水化学资源。河北海洋空间资源的利用越来越广泛，不仅利用沿海资源，而且公海资源为世界公有，亦可为我所用；利用方式也由传统的海上运输、旅游，发展到利用海洋空间进行生产、储藏、通讯等。境内大陆海岸线长 487 公里，中间被天津市相隔，分为南

∧秦皇岛港口

　　　　　　　　　　　　　　　　　　　　物华天宝　资源丰富

北两段。沿海建港具有优势，各港址都有岸线稳定、冰期短、冰层薄、固定冰宽度不大、雾日较少的特点。目前已建成的港口以秦皇岛港规模最大，是世界最大的散货运输港和煤炭输出港；唐山曹妃甸港区是国内重要的进口矿石中转港口；沧州黄骅港综合港区是亚欧大陆桥新通道桥头堡，是晋冀鲁豫和大西北最便捷的出海口。

北戴河利用沿海有利条件，已成为著名的避暑旅游胜地。渤海属于我国内海，海洋生物资源较为丰富，主要是鱼、虾、蟹、贝、藻等。近些年来，由于酷渔滥捕等原因，导致渔业资源减少。为弥补海洋生物资源不足，充分利用浅海滩涂资源，海水养殖业逐步兴起。海水化学资源，目前以提取海盐为主。沿海地带具有生产海盐的优越自然条件，滩涂广阔，雨季集中，日照充足，蒸发量大，产量高，年产近400万吨，居全国前列，长芦盐国内外驰名。利用海盐制碱是发展海洋化工的重要途径。

∧河北的海岸

我爱河北

第四节　驰名中外的特色产品

一、衡水老白干

衡水老白干，一个极富传奇色彩的著名白酒品牌，发源于汉，盛名于唐，有着 1800 年悠久历史，曾在 1915 年巴拿马万国物品赛会上与"茅台"一起获得大奖章而扬名于世界酒界。其正式定名于明代，外销获奖于近代，国营生产于解放后，发展提高于当代。衡水老白干自古享有盛名。明朝嘉靖年间，衡水酒取名"老白干"。"老"指其生产悠久；"白"是说酒体无色透明；"干"指度数高，达 67 度，用火燃烧后不出水分，即纯。这三个

衡水老白干＞

物华天宝　资源丰富

字准确地概括了衡水老白干酒的特点。衡水老白干酒以三香扬名："闻着清香，入口甜香，饮后余香。"按现行的酒行业的国际惯例，"老白干"的名字解释是"不含糖分的陈酿蒸馏酒，或是干性陈酿高粱酒"。

1934年衡水老白干曾参加过巴拿马物赛会，1948年曾在匈牙利展出。河北衡水老白干酿酒（集团）有限公司是河北省重点酿酒企业，衡水市第一家上市企业。

二、沧州金丝小枣

沧州金丝小枣具有悠久的栽培历史，产区遍及沧州地区的沧县、献县、泊头、交河、盐山、河间等县市。其中，沧县被誉为中国"金丝小枣之乡"。沧州栽培金丝小枣有3000多年的历史，始于商周，兴于明清，盛于当代。一代文宗纪晓岚的家乡沧县崔尔庄镇为著名主产地。清代乾隆帝御封沧州

<沧州金丝小枣

枣园为御枣园。沧州金丝小枣色泽鲜红，皮薄、肉厚、核小，味道甘美清香，具有较高的营养价值。干枣剥开时有金丝相连，入口甘甜如蜜，外形如珠似玑，故称金丝小枣。金丝小枣含糖量高达65%。每100克鲜枣含维生素C300—600毫克，还含有丰富的蛋白质、脂肪、粗纤维、磷、钙、铁、钾、钠、镁、氯、碘、尼克酸和维生素A、B1等多种维生素，具有益心润肺、合脾健胃、益气生津、补血养颜的功能。《本草纲目》载："枣味甘性温，甘能补中，温能益气。"沧州金丝小枣历来被视为很好的滋补品。

三、黄骅冬枣

黄骅冬枣已有3000多年历史，可以上溯至秦汉之前，史载"燕赵千树枣"，"自古有鱼盐枣之饶"。元世祖时，黄骅冬枣形成规模化种植，黄骅市齐家务乡聚馆村的冬枣林即由此时种植发展形成。如今，这里仍存有世界上面积最大、年代最古老的原始冬枣林，百年以上冬枣古树1067株，其中树龄600年以上者198株。这些古冬枣树虽饱经风霜，仍枝繁叶茂，果实累累，可称为冬枣树的活化石。聚馆冬枣以其皮薄、肉嫩酥脆、味甘

∧黄骅冬枣

∧聚馆古贡枣园

的独特品质闻名遐迩。自明代明孝宗 1490 年将聚馆冬枣钦定为贡品，便年年来朝，直到清末。"聚馆古贡枣园"由此得名，2006 年入选第六批全国重点文物保护单位。

黄骅冬枣皮薄、肉厚、核小，肉质细嫩而酥脆，酸甜适口，口感极佳，为果中珍品，在全国第一个获国家原产地域保护。

四、唐山蜂蜜麻糖

唐山蜂蜜麻糖有一百多年历史。它吸取了北京著名糕点"蜜供"的浇浆方法，几经改进，逐渐形成一套独特的制作工艺。唐山市烟酒公司新新商店制作蜂蜜麻糖的高手董淑媛，1963 年学艺，得该市"麻糖大王"的真传，技艺达到了"青出于蓝而胜于蓝"的程度。经过配料、和面、擀片、清面放片、剁块、炸制、浇浆等工艺，所制麻糖色泽诱人，薄如纸，形似花，清香甜脆，营养十分丰富，可谓独具一格的风味名吃，1981 年全国食品评比会获商业部优质产品称号。

知识小百科

寻源"广盛号"

唐山麻糖的鼻祖是丰润七树庄的"广盛号"，创始人姓张，是冀中深州中里乡王西河头村人（今衡水市深县），因当时当地闹水灾，为谋生计，逃难到丰润县七树庄村落户。张师傅有祖传的打制糕点的手艺，但因贫穷而无力撑起门面，只能走乡串户贩卖点小糕点和杂货。后来，有了些积累，就开设了一个小糕点铺，名曰"广盛号"。丰润过年过节喜欢用白糖和面，把面擀成片用油炸熟、炸酥，这种食品取名为"排杈"，很受百姓的欢迎。于是"广盛号"

就在"排杈"基础上精心研制，试制出了独具一格的风味名吃——蜂蜜麻糖。2009年"广盛号"麻糖被列为河北省第二批非物质文化遗产。

五、唐山陶瓷

　　唐山陶瓷制作历史悠久，是中国的北方瓷都。据史料记载，早在战国时期就已开始生产陶壶、陶具。至明朝永乐年间，唐山陶瓷已有一定规模。据清代撰写的《滦州志》风俗篇记载：明朝永乐年间"惟唐山多缸窑能制陶器罂瓮盆盎之属"。当时只有粗陶，清末始有粗瓷，后来略产细瓷。唐山陶瓷产品有餐具、茶具、酒具、瓶、盘等日用品共500多种。随着装饰

唐山陶瓷＞

物华天宝　资源丰富

方法不断革新，推出或首创了如新彩、喷彩、雕金、雕金加彩、结晶釉等先进工艺。此外，还有工业瓷、建筑卫生瓷和工艺美术瓷。唐山地区煤藏丰富，作为陶瓷器原料的耐火矾土，硬质、软质粘土以及石英、长石等矿产资源充裕，是理想陶瓷产区。

唐山陶瓷装饰技术和风格对北方陶瓷产生较大影响，"红玫瑰"牌高档无铅骨质瓷是目前全国同行业高档瓷种中唯一的中国名牌产品。

六、保定"三宝"

谚曰：保定有三宝，铁球、面酱、春不老。

第一宝："保定铁球"（俗称健身球），不仅是娱乐工具，而且有健身功能。球的外表明光铮亮，其内部结构复杂，球内有球，并装音板，两个为一副，俗称"一公一母"。拿在手中转动起来，音响各异，有高有低，清脆悦耳，既能收到调筋理神之功效，还能在铁球的缠绵悦耳音响中陶冶性情。

第二宝："保定面酱"，始产于清康熙十年，距今已有近400年历史，质量优良，久负盛名，是理想的烹饪调料。保定的甜面酱由优质面粉酿造而成，质稠味甜，色泽红褐，盛入碗中倒置不流。

第三宝："保定春不老"，又名"雪里红"，一种常见的蔬菜，在保定

<保定铁球

∧保定面酱

∧保定春不老

栽培历史悠久，以价格便宜、品质优良为人所喜爱。此外，槐茂酱菜也是历史悠久的传统小菜，出产于保定市槐茂酱菜园，早在清康熙十年，就因味道鲜美而远近闻名。槐茂酱菜腌制方法独特，先选择品质好的鲜菜，然后配以花生仁、杏仁、核桃仁、姜丝、石花菜等，腌制成各种什锦酱菜，咸甜适度，既脆又嫩，是佐餐佳品。

七、深州蜜桃

深州蜜桃有两千多年的栽培历史。据《深州县志》记载：汉时"深州土产曰桃，往时有桃贡……北国之桃，深州最佳，谓之蜜桃"。明代蜜桃开始大量栽培，清朝道光年间，桃树发展到10多万株，分布于20多个村庄（现在只产于深州镇的西杜庄、木村乡的西马庄等几个村），历代为贡品。

深州蜜桃个头硕大，每个半斤左右，果形秀美，色鲜艳，皮薄肉细，汁甜如蜜。相传唐朝岭南节度使崔护有一年清明过深州，正值桃花盛开季节，遇到一个女子，从此念念不忘，第二年又来到此处，只见桃花依旧，美人却因思念崔护过度而香消玉殒。崔护悲伤之余写下《题都城南庄》绝

物华天宝 资源丰富

<深州蜜桃

句:去年今日此门中,人面桃花相映红。人面不知何处去,桃花依旧笑春风。诗中的都城南庄据说就是现在的深州市。深州蜜桃所以能成为"桃中之魁",与水土条件分不开。蜜桃集中产在深州市西部滹沱河故道上,这里有 3 米多深的沙质土层,地下水浅而甜,且气候温和,有利于蜜桃生长。深州蜜桃有十几个品种,其中最好的是"红蜜"和"白蜜"。红蜜桃又叫"魁桃",是名副其实的桃中之魁。

八、赵县雪花梨

赵县雪花梨是赵县特产,又名"象牙梨",栽培历史悠久,可上溯到 2000 多年以前。早在秦汉时始就被历朝历代选作贡品进贡朝廷。赵县雪花梨肉质洁白无瑕,似霜如雪,故称雪花梨,有"大如拳,甜如蜜,脆如菱"之说。雪花梨以个大、体圆、皮薄、肉厚、色佳、汁多、味香甜与赵州桥齐名天下。单果一般重 400 克左右,最大 1900 克,含糖量 12—14%,

我爱河北

赵县雪花梨 >

最高可达 16.5%。雪花梨营养丰富，含有各种有机酸、蛋白质、矿物质和多种维生素。赵县雪花梨畅销国际市场，年出口量 400 万公斤，远销东南亚、欧洲等十几个国家和地区，为河北省出口的优质水果之一。

九、泊头鸭梨

泊头鸭梨是沧州市的特产，以泊头栽培面积最大、栽种最早、品质最好。泊头鸭梨果形俊秀，皮薄肉细，脆嫩多汁，香甜爽口。因过去泊头鸭梨的主要集散地在天津口岸，所以被称作"天津鸭梨"。泊头鸭梨的栽培历史

物华天宝　资源丰富

＜泊头鸭梨

可追溯到汉代,泊头亦因隋炀帝泊船上岸观花而得名。《清一统志》记载:"交梨"属交河（即泊头）物产,康熙年间《河间府志》称"交河之梨,人谓之交梨,其味香而脆"。在泊头的洼里王镇、齐桥镇,至今仍有万株树龄100—300年的老梨树。1991年起,泊头连续举办鸭梨节,使泊头鸭梨的美名传扬四方。现栽培面积已达到25万亩,生产规模和效益在河北省乃至全国首屈一指。1996年泊头鸭梨获得国家绿色食品证书,2004年国家质检总局向社会发布对泊头鸭梨实施地理标志产品保护,相继敲开了美国、加拿大、澳大利亚、欧盟等发达市场的大门。泊头成为世界最大的两家连锁超市美国沃尔玛和法国家乐福的果品采购基地。

鸭梨含糖一般在10—13%,并含有果酸、蛋白质、脂肪、多种维生素、矿物质和碳水化合物。鸭梨"性甘寒微酸",还具有"清心肺、利肠、止咳消痰、清喉降火、醒酒解毒"之功效。

十、京东板栗

京东板栗,特指北京以东燕山山脉一带出产的板栗,在国际市场上又称"天津甘栗"、"燕山板栗"、"迁西板栗"、"长城板栗"等。京东板栗主产区在河北省兴隆、遵化、迁西一带，以果形秀美、风味独特著称，是最具竞争力的创汇产品之一。京东板栗享有"东方之珠"的盛名，是国内外糖炒板栗市场及板栗深加工的首选品种，被日本指定为进口产品。

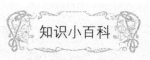

知识小百科

迁西板栗栽培历史

迁西板栗栽培源远流长，已经有 2000 多年的历史，《诗经》、《战国策》、《左传》等古代书籍中多有记载。如《战国策》记载，苏秦游说燕文侯时说："燕国……南有碣石雁门之饶，北有枣栗之利，民虽不田作而足于枣栗矣。此所谓天府者也。"汉代的《史记·货殖列传》中说："燕秦千树栗……此其人皆千户侯等。"这里的"北"和"燕"，即包括今迁西一带，说明这里很早就是板栗的著名产地。

唐朝太宗李世民东征高句丽，因路途遥远，粮草不济，恰滦河两岸板栗成熟，遂下令军士蒸栗为食，借以饱腹。于是士气大振，大败敌兵盖苏文。今迁西县境内仍有救驾岭等唐王遗迹及传说。

清朝时，康熙皇帝于滦河北九山(今迁西县五虎山) 狩猎，得五虎。席间，有人送上炒栗，康熙食后大悦，命"年年贡之！"

迁西板栗 >

物华天宝　资源丰富

十一、渤海梭子蟹

渤海梭子蟹大头胸甲呈梭形，稍隆起，表面有 3 个显著的疣状隆起。其体型椭圆，两端尖尖如梭，故有三疣梭子蟹之名。谷雨前后蟹体最丰满，虽然秋季也可捕到，但不肥满（但越冬前雄蟹特别丰满肥大，有"谷茬公蟹"之说）。雄蟹俗称"尖脐"，未成熟雄蟹称"查脐子"，雌蟹俗称"圆脐"，怀卵大蟹又叫"石榴黄"，蟹籽饱满味道最好，雌雄蟹市场价格相差悬殊。梭子蟹肉色洁白，肉质细嫩，膏似凝脂，味道鲜美，尤其是两钳状螯足，肉呈丝状带甜味，食之别有风味。渤海梭子蟹久负盛名，居海鲜之首。

∧ 渤海梭子蟹

我爱河北

十二、渤海对虾

　　渤海所产对虾为东方对虾，又称中国对虾，也称明虾，为一年生虾类，仅有少数个体生命周期可达2年，体长大而侧扁，甲壳薄，光滑透明。每年海水温度降至10°C以下时虾群开始越冬洄游，自莱州湾经渤海海峡至黄海南部深水区，翌年3月返回渤海，在沿海繁殖后代。对虾具有个大体肥、肉色晶莹、味道鲜美、营养丰富等特点，为虾类之冠，经济价值很高，名列海产"八珍"之一，在国际市场上很早就享有盛誉，是沧州传统的出口商品之一。对虾春汛在4月上旬至5月上旬,秋汛在8月中旬至12月上旬。

<渤海对虾

　　　　　　　　　　　　　　　　　　　　　物华天宝　资源丰富

十三、赞皇大枣

赞皇大枣色鲜、皮薄、个大、核小、味甜。看外形，体硕如卵，紫红发亮，酷似一件精美的艺术珍玩；剥开后，肉质肥厚，质地细密；吃一口，味道甘甜，鲜美如酪；晒干掰开，蜜丝纤连不断，故被誉为"金丝蜜"。

"一日吃仨枣，经年不见老"，极言大枣的营养价值。赞皇大枣除含有蛋白质、脂肪、糖类、有机盐、粘液质外，还含有较丰富的胡萝卜素、硫胺素、核黄素、尼克酸、抗坏血酸、维生素A，以及钙、磷、铁等矿物质。赞皇大枣鲜枣甜脆可口，干枣肉绵甘香，以其为原料可以制成各具风味的醉枣、蜜枣、熏枣、脆枣、枣脯、枣酒、枣醋、枣糕、枣粽子及糕点馅料。

赞皇大枣可入药，《本经》谓其"味甘，性平"。经常食用大枣对于身体虚弱、神经衰弱、阴虚肝亏、脾胃不合、消化不良、劳伤咳嗽、贫血亏血均有显著疗效。

＜赞皇大枣林

十四、满城磨盘柿

产于保定满城县的磨盘柿个大味甜，平均单果重 250 克，最大单果重 610 克。柿果色泽美丽，营养丰富，味甜多汁。果实可供鲜食、酿酒、做醋，还可制成柿干、柿汁等。满城县是磨盘柿集中产区，栽培历史悠久，明朝万历年间就有记载。磨盘柿具有抗干旱、抗湿涝、耐脊薄、易管理、结果早、产量高等特点，被称为"铁杆庄稼"。满城现存百年以上树龄的柿树 3 万余株，生长结果良好。满城县大力推广无公害标准化生产，磨盘柿 1992 年获河北省优质果品奖，1994 年获全国林业名特优新产品博览会银奖，1999—2003 年连续 5 年被认定为北方农副产品暨农业技术交易会名优农产品，满城 2001 年被国家林业局命名为"中国磨盘柿之乡"。

满城磨盘柿>

物华天宝 资源丰富

十五、沧州冬菜

　　沧州冬菜早在清朝康熙年间就已闻名中外。它是用当地出产的帮薄、筋细、含糖多的优质大白菜，去叶和根，切成小方块，晾晒后拌上适量的精盐和蒜泥，装坛压实，牢固封口，经过自然发酵制成。其色泽金黄，口味清香、脆生，微微带辣，是一种可供常年食用的小菜。沧州冬菜风味别具一格、兼有香、甜、咸、辣四味，具有较高的营养价值。加之所含水分适度，密封包装，具有春不干、夏不腐、秋不霉、冬不冻之优点，堪称四时佳蔬。

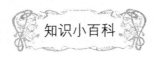

知识小百科

沧州冬菜的风味特点

　　沧州冬菜食用方便，可以做为佐餐的咸菜和酒席筵间的酒菜。在炒菜或烧汤时，作为调味品放入少量的冬菜，则芳辣味美，诱发人的食欲。还可以把沧州冬菜加工制成别具一格的风味名吃。例如：以冬菜和冬笋为主料烹制而成的沧州风味名吃"炒二冬"，黄白相间、色泽淡雅、脆嫩爽口、清香四溢，倍受国内外游客和赞赏。

< 沧州冬菜

第三章

燕赵古地 文明发端

　　古老的河北平原，有着悠久的历史，是中华文明的发源地之一。河北境内的考古发现，再现了人类文明在这块土地上的印迹。早在距今约一百万年前的旧石器时代，古人类就开始在这里生息繁衍。到了战国时期，七雄中的燕国和赵国雄据河北，"燕赵"从此成为河北的代名词。河北古代历史的辉煌，就是从这里开始的。

∧错金银虎噬鹿器座(河北中山王墓出土)

我爱河北

第一节　悠久的历史

一、历史沿革

　　河北省因位于黄河以北而得名。据夏《禹贡》记载,夏禹治水后,中国分为九州,河北省部分地区古属冀州,故又简称"冀"。春秋战国时代,河北省北部属于燕国;南部先是属于晋国,后属赵国,故又有"燕赵"之称。三国时,大部为魏国属地。晋代初期,仍置幽冀二州。唐代贞观初年属河北道。宋初分河北东路与河北西路两个行政区。元代称中书省。明永乐十九年(公元1421年)改中书省为北直隶省。清代称直隶省。因元、明、清三代建都北京,河北省围绕京城,构成拱卫之势,所以河北省也常称为畿辅。1928年改为现名。1949年8月1日,河北省人民政府在保定成立。1958年天津市并入河北省,省会迁往天津。1966年天津升为直辖市,省会迁回保定。1968年迁到石家庄市。

二、最早的河北人

　　河北是中华文明发源最早的地域之一,河北人也曾是中华大地上生活和劳作过的最早最先发育和最智慧的人群，早期人类的遗址遍布河北各地。

所谓北京人、山顶洞人，不过是生活在河北境内的众多原始人类遗址中的一小部分。河北境内的古人类遗址可以追溯到五十万年以前，旧石器时代的河北人，已经开始用火，过着群居生活，并按血统关系组成比较固定的集团，过着氏族公社的社会生活。新石器时代，仰韶文化、龙山文化、细石器文化在河北都有大面积分布，这时的河北人已经掌握了采集、种植畜牧等原始农业技术，会制造锋利的石器和烧制陶器，会占卜懂艺术，过着文明而朴实、快乐而健康的生活。

知识小百科

泥河湾遗址

< 泥河湾遗址

据考古发掘证实，位于河北省西北部的阳原县桑干河畔的泥河湾遗址，曾是古人类的发祥地之一。在这里发现的更新世标准地层，其研究价值可与世界公认的人类起源地——东非的奥多维峡谷相媲美。经过中外专家80年的考古发掘和研究，在东西长82公里、南北宽27公里的桑干河两岸区域内，发现了含有早期人类文化遗存的遗址80多处，出土了

我爱河北

数万件古人类化石、动物化石和各种石器，几乎记录了从旧石器时代至新石器时代发展演变的全部过程。在我国目前已经发现的25处距今100万年以上的早期人类文化遗存中，泥河湾遗址群就占了21处。特别是2001年马圈沟遗址的发掘，首次发现了距今约200万年前人类进餐的遗迹，使世界人类不仅可能从东非的奥多维峡谷中走来，也有可能从中国的泥河湾走来。泥河湾早期文化遗存的密度之高，年代之久远，不仅在国内绝无仅有，在世界上也极为罕见。

　　距今六七千年前，在河北境内，人类活动更加广泛，遍及西、北部山区和平原，反映当时社会概貌的仰韶文化、龙山文化、细石器文化遗存遍及全省，现已发现新石器时代文化遗存70多处。在仰韶文化中，以磁山文化遗存最为丰富。位于武安县磁山村的"磁山遗址"，距今约7300年左右，发掘出土遗物有陶器、石器、骨角器等近二千件，有带足的石磨盘、石磨棒、石铲、石镰等农业生产工具，有猪、狗、牛、鸡的动物骨骼，有陶盂和陶支架为代表的陶器群，在堆积的粮食中有粟（小米）。这说明，当时已有了发达的农业，有了家畜饲养业，有了粮食加工，生产力水平已经脱

磁山文化遗址 >

<磁山遗址出土文物

离了农业经济的初级阶段。磁山文化遗址的发现，为寻找中国更早的农业、畜牧业和制陶业文明的起源，提供了可贵的线索。大量文化遗存证明，在六七千年以前，人类就在河北这一带劳动、生息、繁衍，过着半渔猎、半农牧的生活，创造了丰富的古代文化。

三、炎黄子孙的摇篮

"炎黄子孙"的由来，与古代河北有着密切的关系。传说在四千多年前，中国长江流域和黄河流域，居住着许多氏族部落，其中最著名的是黄帝部落、炎帝部落和蚩尤部落。黄帝部落居住在中国西北部现今陕西省的地方，后来向东迁徙，最后定居在今河北涿鹿一带的山湾里，过着游牧生活。炎帝部落在今陕西省渭河流域至黄河中游一带活动。蚩尤部落又称为"九黎族"，居住在中国东部今山东、河南一带。这三个部落在相互交往的过程中，曾在今河北北部一带，发生过数次大的战争。

阪泉之战。传说在五千多年前，兴起于今陕西地区的姬姓部落首领黄

我爱河北

炎帝像>

帝沿洛水南下，然后东进中原，势力不断扩大。炎帝是姜姓部落的首领，
开始据姜水流域，后来沿渭水东进，进入中原。传说炎帝在发展中侵犯了
其他部落的利益，很多部落归向黄帝，引起了炎黄两部的矛盾冲突。黄帝
安抚四方，修德振兵，率领熊、罴、貔貅、虎等部族，与炎帝战于阪泉（今
河北涿鹿东南）之野，大战三次击败炎帝。从此后，姬姓黄帝部落与姜姓
炎帝部落结成巩固的部落联盟，姬、姜部落联盟逐渐演变成为华夏民族的
核心。

涿鹿之战。东夷族的蚩尤部落兴起于今鲁、豫、皖地区，向西发展中
与华夏族发生冲突。炎帝抵挡不住蚩尤的进攻，向黄帝求援。黄帝率领各
部落的军队，与蚩尤大战于涿鹿（今河北涿鹿）之野，几经战斗，最后擒
杀蚩尤。之后，各部落尊黄帝为天子，建都于涿鹿之阿。

黄帝对蚩尤部落成员采取安抚政策，留在北方的蚩尤部落成员就加入了炎黄部落。其他部落听说蚩尤已死，对黄帝佩服得五体投地，大家共同拥戴他为天子，黄帝就在涿鹿建都。

　　打败蚩尤以后，炎帝部落也要争做霸主，与黄帝部落又发生了大冲突。在阪泉（今河北怀来一带）又大战一场，结果炎帝被打败，归服了黄帝部落。后来，他们的后裔就从河北一带向南发展，进入黄河流域，定居中原。经过长期的共同生活，共同繁衍，互相融合，组成了中国中原地区的远古居民，奠定了后来华夏族的历史基础。在漫长的历史发展过程中，由于黄帝部落的力量比较强大，文明也较高，原始社会劳动人民的许多发明创造都记在黄帝的名下，黄帝成为中原文化的代表。以后这一部族逐渐发展，居住在中原地区原来不同祖先的居民，都自认为是黄帝的子孙。春秋（公元前770至前476年）以后，这些居民自称为华夏族，到汉朝以后称为汉族。后世的汉族人就把黄帝尊称为自己的祖先，自称是"炎黄子孙"。

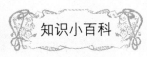

知识小百科

涿鹿黄帝城遗址

　　黄帝城遗址位于涿鹿县矾山镇西2公里处。据《史记》记载，黄帝杀死蚩尤，降服炎帝后，"邑于涿鹿之阿"，即建都城于涿鹿山下的平地之上。遗址呈不规则正方形，长宽各500米，城墙系夯土筑成。遗址内陆续发现了大量陶器、石器，均以距今五千年左右的仰韶文化和龙山文化为典型，与黄帝所处时代一致。现存城墙高3至5米，南、西、北城墙尚在，东城墙浸于轩辕湖中。黄帝城遗址内，有大量陶片，除少量夹砂泥质粗红陶外，大部分是泥质灰陶和黑陶。器物残件和陶鼎腿、乳状鬲足、粗柄豆柄等，到处都可拣到，有时还可拣到完整的石杵、石斧、石凿、石纺轮、石环等。由海外华人捐资兴建的中华三祖纪念堂，古朴凝重，向人们展示了黄帝、炎帝、蚩尤这三位人文始祖的伟大功绩，体现了海内外华人对中华文明的强大凝聚力。中华三祖堂采用唐代建筑风格，堂内塑有黄帝、炎帝、蚩尤大型塑像。并陈列有在涿鹿之野出土的石斧、陶纺轮、石镞等人类早期生产生活用品和战

争兵器。墙壁上绘有涿鹿之战、阪泉之战、合符釜山、定都涿鹿四大历史事件的大型壁画。以黄帝城、黄帝泉、蚩尤寨、蚩尤泉为主要景点的中华三祖文化旅游区，正在吸引着越来越多的炎黄子孙来这里寻根祭祖。

∧ 中华三祖堂

∧ 涿鹿黄帝城

燕赵古地　文明发端

西周初年，周武王的弟弟周公旦建洛邑（今河南省洛阳），认为中原居四方之中，是天下中心，故称为"中土"。而居住在中原地区的又是华夏族，所以称为"中华"。华夏族和其他各族不断融合，活动范围不断扩大，高度发展的华夏族文化逐渐扩展到全国各地，"中华"便逐渐成为代表整个中国的名称，"炎黄子孙"也随之带有了更广泛的含义。

四、尧疆商都燕赵地

传说黄帝以后，在黄河流域的部落里出现了尧、舜、禹三个著名的联盟长。相传古时尧帝受封于唐侯国（今河北唐县，《唐县地名资料汇编》称，现唐县长古城村即帝尧封国之城），后建都平阳（今山西省临汾一带），曾在河北南部、中部一带活动，今河北的隆尧县、唐县、望都县、顺平县、定州市的地方志中都有关于尧活动的记载。

舜，继尧为部落联盟长，曾巡狩至北岳（北岳恒山，包有今曲阳一带）。禹因治水有功，代舜为部落联盟长。禹治水自冀州始，曾到过冀东的碣石山和沿海一带。公元前 21 世纪由禹开始的夏朝，是中国历史上第一个朝代，这是中国奴隶社会的开端。继夏而兴的是我国奴隶制比较发达的商朝。河北是商的发源地。商的始祖契和后代，在今平山、邢台一带居住、活动过。周武王灭商，建立周朝。中国行政区划的历史，就是从周朝开始的。西周时期，广置封国，当时居于河北的诸侯国有蓟、燕、邢、孤竹。在现今河北北部，还居住着少数民族北戎。到了东周春秋时期，奴隶制行将解体，封建制孕育待生，王权衰落，邦国林立，诸侯国有一百多个。河北北部属于燕国，西部及中南部属于晋国，南、东南部分别属于卫、齐两国。经过长期激烈的兼并战争，到了东周战国时代，主要诸侯国只剩下魏、赵、韩、齐、秦、楚、燕七国，即所谓"战国七雄"。其中在河北建都的北有燕国，南有赵国，中部还有北方少数民族狄人建立的中山国。所以河北有"燕赵"之称。

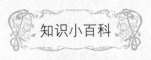

知识小百科

围魏救赵

　　"围魏救赵"出自《史记·孙子吴起列传》。公元前354年，魏国军队围赵国都城邯郸，双方战守年余，赵衰魏疲。这时，齐国应赵国的求救，派田忌为将，孙膑为军师，率兵八万救赵。攻击方向选在哪里？起初，田忌准备直趋邯郸。孙膑认为，派兵解围，要避实就虚，击中要害，他向田忌建议，现在魏国精锐部队都集中在赵国，内部空虚，我们如带兵向魏国都城大梁猛插进去，占据它的交通要道，袭击它空虚的地方，它必然放下赵国回师自救。齐军乘其疲惫，在桂陵迎敌于归途，魏军大败，赵国之围遂解。这在历史上是一个很有名的战例，被后来的军事家们列为三十六计的重要一计。

邯郸的赵武灵王塑像＞

五、战国中山王墓的发现

　　1974年以来，在战国中山国的都城遗址发现了许多珍贵文物。如中山守丘石刻，约刻立于周安王二十四年（公元前378年）左右，是目前发

< 中山兆域图

现的中国最早的碑碣石刻。尤其是在中山王墓中，发现了大量震惊世界的稀世珍品。其中的中山兆域图，是一幅完整的中山王、后陵墓平面设计图。这是中国最早的缩尺制图，是至今中国发现最早的建筑平面设计图实物，也是世界上发现最早的铜质建筑平面设计图。它把中国缩尺制图的历史提前了六百多年，不仅改写了中国古代科技史，也改写了世界古代科技史的记录。出土的酒，已埋藏近 2300 年，是目前世界上首次发现的古老实物酒。出土的船板，除使用卯榫结构外，还使用铁箍接拼，这种方法要比欧洲早千余年。中山王墓铜鼎、铜方壶和铜圆壶上的长篇铭文，反映出中山国在

< 中山国都城遗址

我爱河北

创造和发展汉字方面的贡献。墓葬还发现了一些中山国独有的举世无双的珍宝。

中山王墓的发现，显示了人民的聪明智慧与创造才能，而且大量的实物与文字资料还丰富了中国历史文献的宝库，推进了中山国史及战国时代许多问题的研究。

六、燕昭王筑台求贤

周赧王元年（公元前 314 年），燕国内乱，齐国、中山乘机出兵攻燕。赵武灵王（?—公元前 295 年）派乐池护送在韩国的燕公子职回国。周赧王四年，公子职被立为燕昭王。燕昭王即位于国破家亡之际，为兴复燕国，卑身厚币，招纳贤人，采纳郭隗招贤的建议，首先为郭隗筑宫室，尊之为师。燕昭王礼贤下士的举措传至列国后，乐毅自魏往，剧辛自赵往，邹衍自齐往，燕国一时群英荟萃、贤才云集。燕昭王吊祭死者，慰问孤儿，与大臣同甘共苦，逐步实现国富兵强。

黄金台＞

燕赵古地　文明发端

燕昭王招揽的贤人中，邹衍的"五德终始说"，适应了燕昭王承天命雪耻兴燕的需要。苏秦为建立反齐的联盟，付出了生命的代价。乐毅协助燕昭王推行改革措施，统帅燕军与五国联军攻拔齐国城池七十座，使燕昭王如愿以偿地报仇雪恨。

燕昭王的求贤兴邦战略，效果显著，成为中国礼贤下士的典范。燕昭王为郭隗筑宫室的事件，逐渐演变为黄金台的故事。燕国故地修建了多座黄金台，留下了众多的诗词歌赋文章。

七、巨鹿之战——以少胜多的经典之战

巨鹿之战是秦汉之际项羽率领数万楚军（后期各诸侯义军也参战），同秦将章邯、王离所率40余万秦军主力在巨鹿（今河北平乡）进行的一场重大决战性战役，也是中国历史上著名的以少胜多的战役之一。

秦始皇统一六国，对于中国历史的发展，有积极推动意义。但秦王朝建立后，对人民实施残酷的剥削和压迫，赋役繁重，刑政暴虐，导致了社会矛盾的全面激化。秦二世元年(公元前210年10月至公元前209年9月)，爆发了陈胜、吴广农民大起义。项梁、项羽和刘邦也相继在吴中（今江苏苏州）、沛县（今属江苏）聚众起义。被秦所灭亡的六国旧贵族也乘机起兵，出现了天下反秦的形势。

秦王朝调动军队，镇压农民起义。其中最为凶悍的一支，便是少府章邯统率的部队。作为秦军的主力首先镇压了陈胜、吴广起义军，旋即击灭齐王田儋、魏王咎等武装势力，接着又调转兵锋，扑向项梁等人率领的楚地起义军主力。经过几次各有胜负的拉锯战后，章邯利用项梁小胜后轻敌麻痹的弱点，发动突然袭击，大败楚军于定陶（今山东定陶西北），杀死项梁，使起义军遭受重挫。项羽率领5万楚军同秦将章邯、王离所率40余万秦军主力在巨鹿(今河北平乡)进行了一场重大决战性战役。项羽军破釜沉舟，

我爱河北

一举击败 20 万秦军，使秦军遭受巨创，并迫使另外 20 万秦军投降。而项羽则确立了在各路义军中的领导地位。巨鹿之战是秦末农民战争取得的一场巨大胜利，扭转了战局，奠定了反秦斗争胜利的基础。经此一战，秦朝名存实亡。这也是中国历史上著名的以少胜多的战役之一。

知识小百科

破釜沉舟

"破釜沉舟"这一成语出自《史记·项羽本纪》："项羽乃悉引兵渡河，皆沉船，破釜甑，烧庐舍，持三日粮，以示士卒必死，无一还心。"

秦朝末年，秦军大将章邯攻打赵国。赵军退守巨鹿（今河北平乡西南），被秦军重重包围。楚怀王于是封宋义为上将军，项羽为副将率军救援赵国。宋义引兵至安阳（今山东曹县东南）后，接连 46 天按兵不动，项羽十分不满，于是要求进军决战，但宋义却希望秦赵两军交战后待秦军力竭之后才进攻。此时军中粮草缺乏，士卒困顿，宋义仍旧自顾饮酒。项羽忍无可忍，杀了宋义并声称他叛国反楚。将士们拥项羽为上将军。项羽率所有军队悉数渡黄河前去救赵以解巨鹿之围。渡河之后，他下令把所有船只凿沉，打破烧饭用的锅，烧掉自己的营房，只带三天干粮，以此表示决一死战。大军到了巨鹿，战士以一当十，杀伐声震惊天动地。经过九次激战，楚军最终大破秦军。而前来增援的其他各路诸侯却都因胆怯，不敢近前。楚军的骁勇善战大大提高了项羽的声威。

八、黄巾起义——中国第一次有组织有准备的农民起义

184 年，全国大旱，颗粒不收而赋税不减，走投无路的贫苦农民在巨鹿人张角的号令下，纷纷揭竿而起。他们头扎黄巾，向官僚地主发动了猛

烈攻击，这就是历史上著名的"黄巾起义"。

184 年（甲子年），张角相约信众在 3 月 5 日以"苍天已死，黄天当立，岁在甲子，天下大吉"为口号兴兵反汉。由于门徒告密，张角被迫提前一个月在北方冀州一带起事，史称黄巾起义或黄巾之乱。张角自称"天公将军"，张宝、张梁分别为"地公将军"、"人公将军"。他们烧毁官府、杀死吏士、四处劫掠，一个月内，全国七州二十八郡都发生战事。黄巾军势如破竹，州郡失守，吏士逃亡，震动京都。

黄巾起义和在它影响下的各族人民起义，持续了二十多年。由于起义农民本身的弱点，起义被残酷镇压，但在农民起义的打击下，腐朽的东汉王朝已名存实亡。

黄巾起义是我国历史上著名的农民革命战争，黄巾农民起义为后人留下了丰富的农民革命遗产。

九、安史之乱与河北三镇——唐朝由盛而衰的转折点

唐玄宗(712—756 年在位)后期政治腐朽，导致统治阶级内部矛盾激化。天宝十四载（755 年），任范阳（今北京）等镇节度使的安禄山与部将史思明，起兵反唐，史称"安史之乱"。安禄山在南下攻占洛阳后，自称皇帝，后又攻陷长安（今陕西西安）。757 年，安禄山被其子安庆绪杀死，唐朝军队联合回纥兵收复了长安、洛阳。759 年，史思明杀死安庆绪，自称皇帝，攻入洛阳。761 年，史思明被其子史朝义杀害，史朝义自称皇帝。762 年，唐朝收复了洛阳，将史朝义包围在鄚州（今河北任丘）。宝应二年，史朝义自杀，"安史之乱"结束。

唐朝为了笼络安史降将，任李宝臣为成德（今河北正定）节度使，管辖易、定等州；任李怀仙为卢龙（今北京）节度使，管辖幽、莫等州；任田承嗣为魏博（今河北大名东）节度使，管辖魏、洺等州。因三镇属于河

我爱河北

北道，时称河北或河朔三镇。三镇表面上尊奉朝廷，实则割据，自拥重兵，自署将吏，户籍不报中央，赋税不缴朝廷。节度使的继任，或自传子侄，或由部下拥立。

安史之乱，是唐朝由盛而衰的转折点。在政治上，打破了国家统一的格局，形成藩镇割据的局面；在经济上，黄河流域遭到严重破坏，江南开始逐步发展，导致经济、文化重心南移；在民族关系上，唐朝失去"天可汗"的优势，边患严重。河北三镇，既是安史之乱的直接后果与政治后遗症，也是藩镇割据的典型。

十、靖难之役——燕王扫北之后的河北大移民

河北省农村流传着一种说法：自己的祖先是从山西洪洞县迁来的。为什么呢？是因为燕王扫北，把河北一带的人都杀光了。

燕王是明太祖朱元璋的四子，名棣，领重兵镇守北平（即今北京）。朱元璋长子朱标早死，朱元璋死后，朱标的大儿子朱允炆继皇帝位，年号建文。建文帝听从大臣建议，大力削藩，剥夺分封全国各地的叔父们的兵权。燕王以讨齐、黄为名，起兵反抗，号称"靖难"。建文帝派兵平叛。于是在河北和山东一带进行了长达三四年之久的大战，史称"靖难之战"，即民间流传的"燕王归北"。燕王为什么对河北一带百姓大肆屠杀呢？是因为当时百姓在思想上倾向建文帝，各地官民对燕王进行了顽强抵抗。军队连受挫折，引起了燕王极大愤怒。于是每攻一地，便屠其城，赤其地，惨无人道地屠杀百姓。另外战争期间人民大量外逃，也造成河北人口急剧减少。"靖难"之役，以燕王的胜利告终，公元 1403 年，燕王军攻占南京，建文帝于乱军中失踪。燕王即皇帝位，改年号永乐，是为明成祖。明成祖在历史上是一位雄才大略的皇帝。他大力发展生产，极力恢复河北一带经济。永乐初年，山西洪洞县建立一个移民机关，专门办理移民事宜。相传

<明成祖

此处有一棵老槐树,故河北老百姓中有"要问祖先来何处,洪洞县里老槐树"的说法。

十一、直隶义和团运动——反帝爱国的壮举

直隶义和团由义和拳、梅花拳等民间结社与传统民团相互渗透结合而成。中日甲午战争后,列强掀起了瓜分中国的狂潮。直隶(今河北)教堂林立,民教冲突尖锐,再加上连年天灾、人心浮动等诸多因素交织在一起,奠定了义和团运动兴起的基础。

光绪二十四年九月(1898年10月),威县赵三多在山东冠县蒋庄(今属河北威县)聚众起义,举起扶清灭洋旗帜,揭开了义和团运动的序幕。光绪二十六年四月(1900年5月),义和团进驻涿州,标志着义和团由乡村开始向城市发展。6月,雄县王成德、新城(治今高碑店东南)张德成等率义和团进入天津。英、法等国组成联军干涉义和团运动。义和团与清

义和团塑像＞

军在廊坊、天津紫竹林等地同联军激战。6 月 21 日，朝廷颁布宣战诏书，并下令招抚义和团，形成义和团与清军共同抗击八国联军的局面。由于朝廷妥协，天津、北京相继沦陷。9 月 7 日，朝廷命令剿除义和团，使义和团首领看清了朝廷真面目。1902 年 4 月，赵三多与广宗景廷宾在巨鹿厦头寺起义，高举扫清灭洋大旗，二十余县响应。7 月，在清军镇压下失败。

直隶是义和团运动的发祥地，经历了从"扶清灭洋"到"扫清灭洋"的全过程。直隶义和团人数众多，标志着人民的觉醒，起到了核心和主力军的作用，打击了列强瓜分中国的野心，对晚清的政治、军事等产生了深刻影响。

第二节 燕赵燃起抗日烽火

中国的抗日战争是近代以来中国人民反抗外敌入侵第一次取得完全胜

利的民族解放战争，成为中华民族由衰落走向振兴的转折点。在全国抗战中，河北战场举足轻重，河北人民为全国抗日战争的胜利所做的重大牺牲、重要贡献举国公认。河北所处的地理位置在抗战中具有战略性，冀中抗日根据地对我军抗战中的战略战术转变具有重要性，晋察冀和晋冀鲁豫根据地在全国抗战根据地的建设中具有示范性。

一、地道战——冀中平原的地下传奇

冉庄地道战遗址位于保定市南 30 公里的清苑县境内，是抗日的一处重要战争遗址。1959 年 8 月冉庄地道战纪念馆建成，1961 年 3 月被国务院确定为全国首批重点文物保护单位；1997 年 6 月被列为全国爱国主义教育基地。

冉庄地道，是在与敌人斗争的战争实践中逐步完善起来的。初期的地道是单口洞，后来把两个洞口挖通，形成双口洞或多口洞。这种双口洞或多口洞虽有了一定的灵活性，但它依然只能作为临时藏身之所。在不断总结经验的基础上，根据对敌斗争的需要，边战边挖边改进，终于形成了一个完整的地下防御战争体系。

< 地道战遗址

我爱河北

冉庄地道一般宽 0.7 至 0.8 米，高约 1 至 1.5 米，上距地面 2 米多。地道结构与地上街道基本一致。以十字街为中心，顺沿东、西、南、北大街挖成 4 条干线地道，再由干线延伸出 20 多条支线，直通村外和周边几个村，最后挖成户户相连、村村相通、四通八达、上下呼应，长达 32 华里的地道网。

二、雁翎队——淀上神兵传佳话

抗日战争时期，在淀泊相连、苇壕纵横的白洋淀上，有一支神出鬼没、来去无踪的队伍。他们时而化装成渔民，巧端敌人岗楼；时而出没在敌人运送物资的航线上，截获敌人的军火物资；时而深入敌人的心脏，为民除掉通敌的汉奸；时而头顶荷叶，嘴衔苇管，隐蔽在芦苇丛中，伏击敌人保运船。这支令敌人闻风丧胆、令百姓欢欣鼓舞的队伍，就是活跃在白洋淀上的抗日武装——人称"水上飞将军"的雁翎队。

白洋淀水域辽阔，淀区不仅荷红柳绿，鱼肥稻香，风光迷人，军事上也占有重要的位置。淀区面积 366 平方公里，由大小 143 个淀泊组成。淀内三分陆地，七分水面，港汊交错，芦苇遍布，便于隐蔽、周旋、出奇制胜，是开展游击战争的好战场。

白洋淀雁翎队成立于 1939 年秋。当时，日本侵略军以"献铜、献铁"为名，强迫水区猎户交出猎枪和大抬杆等武器。奉中共安新县委指示，三区区委在大张庄召集郭里口、王家寨一带水村猎户，动员他们组织起来抗日。会后，猎人孙革、姜秃、赵保亮和邓如意等 20 人组织起来参加了三区小队。这些战士多为打猎世家，他们为了防止猎枪膛内的火药受潮，经常在火眼上插上一支雁翎，也由于他们以往围雁打猎形成的习惯，装载大抬杆的小船在淀面上行驶多呈"人"行，如雁群在空中飞翔，故该班就成了三区小队的雁翎班。1940 年夏，经县委批准，雁翎班从三小队中分出

<＜雁翎队老照片

单独成立雁翎队。这样白洋淀就有了两支水上游击队——三小队和雁翎队，当时被统称为"雁翎队"。

雁翎队从1939年成立到1945年配合主力部队解放，由30多人发展到100多人，利用冰上水上优势，与敌人交战70余次，击毙、俘获了日伪军近千人，缴获大量军火和军用物资。特别是1939年到1943年的4年中，雁翎队在35次战斗中，有16次是一枪未发而制胜，所以有"淀上神兵"之称，留下了一段段抗战传奇。解放战争胜利后，朱德总司令和华北军区司令员聂荣臻专程到白洋淀接见了雁翎队全体指战员，对他们在抗日战争中的光辉业绩给予了高度赞扬和肯定。

三、喜峰口战役——挥舞大刀创造抗日奇迹

在血与泪写成的抗战历史中，1933年长城抗战的记忆无法抹去。其中，喜峰口战役的胜利令国人欢欣鼓舞，中国军人在这里挥舞着大刀创造了抗

我爱河北

日的奇迹，二十九路军大刀队为中华民族所感动和骄傲。

　　1933 年元旦，日军在山海关制造事端，接着用武力占领。2 月 9 日，日本关东军司令官武藤信义和侵华日军发布了侵略热河的军事命令。喜峰口是河北省、热河省交界一带的长城隘口，是北平与热河的交通咽喉，东有铁门关、董家口，西有潘家口、罗文峪，明清时候不但是京师北卫的重要屏障，也是关外入朝进贡的关口。开赴前线之时，军长宋哲元写下了"宁为战死鬼，不作亡国奴"的誓言。当二十九军的先遣团赶到喜峰口时，日军 500 余名骑兵已经到了长城脚下。第一个阶段，战斗异常激烈，二十九军扬长避短，发挥大刀优势，与敌肉搏，夜袭敌营，攻其不备。日军的几次增兵总攻被我军成功抑制，两天内占领长城的计划被我粉碎。日军改向罗文峪进攻，意在包抄喜峰口之左侧背，实施战略上的突破。二十九军将士经过三天激战，基本粉碎敌军企图。日军又改变战略，向滦东打开缺口。7 日起再攻喜峰口，头两天进攻均被击退。11 日，喜峰口腹背受战，孤立无援，13 日将士们奉何应钦之命放弃喜峰口。

　　卢沟桥事变中，二十九军再次用大刀的神力显示了中华儿女的英勇无

喜峰口战场遗址 ▷

畏。大刀也成为团结统一、无畏拼搏的民族精神的象征。后来《大刀进行曲》产生并广泛传唱，挥举大刀的形象成为中国革命军事博物馆的代表雕塑，大刀精神成为中国人民威武不屈英勇抗日的精神象征。

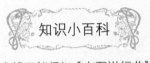

知识小百科

喜峰口战役与《大刀进行曲》

二十九军大刀队的英雄事迹传遍祖国各地，极大地鼓舞了全国军民的抗日热情，更深深地震撼了在上海投入抗日救亡运动、当时年仅23岁的麦新。他眼前出现了一幕幕大刀队挥舞大刀与鬼子拼杀的壮烈场面。这位年轻作曲家心潮澎湃、热血沸腾，突发灵感，产生创作冲动，一首《大刀进行曲》就此诞生。

"大刀向鬼子们的头上砍去，二十九军的弟兄们，抗战的一天来到了，抗战的一天来到了！前面有东北的义勇军，后面有全国的老百姓，咱们二十九军不是孤军。看准那敌人，把它消灭！把它消灭！冲啊！大刀向鬼子们的头上砍去，杀！"这就是《大刀进行曲》，它的副题为——献给二十九军的大刀队。

随着抗日战争的全面展开，《大刀进行曲》中"二十九军的弟兄们"改成了"全国武装的弟兄们"，"大刀向鬼子们的头上砍去"成了一个民族在危亡中发出的呐喊。

四、百团大战——抗战中华北地区规模最大持续最长的战役

百团大战是中国抗日战争时期，八路军与日军在华北地区发生的一次规模最大、持续时间最长的战役。八路军的晋察冀军区、第129、第120

我爱河北

师在总部统一指挥下，发动了以破袭正太铁路（石家庄至太原）为重点的战役。战役发起第 3 天，八路军参战部队已达 105 个团，故称"百团大战"。

在 1940 年下半年，彭德怀指挥八路军 129 师和晋察军区等共 105 个团 20 余万兵力，对华北地区的日伪军发动了一次进攻。八路军总部决定发动交通破击战，重点破袭正太铁路和同蒲路北段，给日本华北方面军以有力打击。正太铁路是日军在华北的重要战略运输线之一。进攻战役首先在正太铁路发起，因此始称正太路战役。

7 月 22 日，八路军总司令朱德、副总司令彭德怀、副参谋长左权下达《战役预备命令》，规定以不少于 22 个团的兵力，大举破击正太铁路。同时要求对同蒲、平汉、津浦、北宁、德石等铁路以及华北一些主要公路线，也部署适当兵力展开广泛破击，以配合正太铁路的破击战。8 月 8 日，朱德、彭德怀、左权下达《战役行动命令》，要求各部在破击交通线的同时，相继收复日军占领的据点。这次战役共进行大小战斗 1800 余次，攻克据点 2900 余个，歼灭日伪军 45000 余人，给日伪军以沉重打击，鼓舞了中国军民抗战的斗志。

八路军总部原来规定，参战兵力不少于 22 个团。但战役发起后，八路军广大指战员和抗日根据地民众参加破击战的积极性非常高，因此各部投入了大量兵力，全部加起来 200 个团都不止。当彭德怀、左权得知实际参战兵力达到 105 个团时，左权兴奋地说："好！这是百团大战。"彭德怀说："不管一百多少个团，干脆就把这次战役叫百团大战好了！"由此，史称为"百团大战"。

燕赵古地　文明发端

第三节　河北影响中国的 100 个重大事件

　　河北大地，北枕蒙古高原，西依太行山脉，东临渤海湾，南拥大平原。天造地设的环境，使河北成为农业与游牧文明的冲突交融之地、北方民族南下的通道。元明以来，这里又成为京畿重地。因而，河北历史上众多事件关系着天下的安危，影响了中国历史的发展进程。河北省曾组织评选河北影响中国甚至世界历史的政治、经济、军事、文化、科技等方面的重大事件。在当选的 100 个事件中，有"燕昭王筑台招贤兴邦"等政治变革影响中国，"中共中央在西柏坡指挥三大战役决战，新中国从这里走来"等军事征战影响中国，还有"祖冲之圆周率领先天下"等科学技术影响中国，"毛公传诗承前启后"等思想文化影响中国，"妙绝古今的《水经注》"等文学艺术影响中国，"狼牙山五壮士坚贞不屈、视死如归"等慷慨尚义影响中国，"避暑山庄"等物质文明影响中国。

　　1. 新中国从这里走来：中共中央移驻西柏坡

　　2. 首传马列播火种：李大钊与马克思主义的传播

　　3. 领先世界的祖率：祖冲之与圆周率

　　4. 奠定中医四诊法的基础：神医扁鹊

　　5. 打出敌后抗日的声威：百团大战

　　6. 中国古典小说艺术的高峰：曹雪芹与《红楼梦》

　　7. 中国第一条自主修筑的铁路干线：京张铁路

　　8. 领先世界的科学创造：郭守敬的发明创造

　　9. 中国第一次有组织有准备的农民起义：黄巾起义

我爱河北

10. 为了新中国前进：董存瑞舍身炸碉堡

11. 天下第一关：山海关的建造

12. 中国第一座近代大型煤矿：开平煤矿的创建

13. 和睦为国的典范：将相和

14. 领先世界的千古神桥：李春修赵州桥

15. 反帝爱国的壮举：直隶义和团运动

16. 敌后最大的抗日根据地之一：晋冀鲁豫边区的创建

17. 中国古代文献的集成：纪昀与《四库全书》

18. 中华文明史上的丰碑：胡服骑射

19. 中华民族的文化艺术瑰宝：避暑山庄与外八庙

20. 中国北方近代工业的摇篮：唐山的兴起

21. 千古流芳的谏臣：魏徵与贞观之治

22. 巩固统一的家法：赵匡胤建立宋朝

23. 东汉立国的起点：刘秀高邑称帝

24. 从枭雄到开国皇帝：刘备建立蜀汉

25. 中国铁艺之冠：沧州铁狮子

26. 中国千年佛教寺院：正定隆兴寺

27. 敌后模范抗日根据地：晋察冀边区的创建

28. 不能忘记的先驱：张之洞与近代化

29. 重建理想社会的尝试：王莽改制

30. 开创打捞船的先河：怀丙捞铁牛

31. 宇宙未有之奇书：郦道元撰《水经注》

32. 佛教中国化的里程碑：惠能与禅宗

33. 规模宏大的帝王陵墓群：修清东、西陵

34. 为民造福的典型：西门豹治邺

35. 中国冶铁技术上的革命：退火柔化技术的使用

36. 独步天下的瑰宝：定窑瓷器

我爱河北

64. 传统行业的新贡献：杨十三与芦苇制浆造纸

65. 揭示知人善任的奥秘：刘劭与《人物志》

66. 尽心竭力编撰的史书：河北史学家编修的正史

67. 东方人类从这里走来：泥河湾遗址群的发现

68. 继往开来的变革：河清改制

69. 中国近代乡村建设的探索：定县平民教育实验

70. 推动北魏汉化的改革：冯太后改革

71. 影响楚汉战争的胜负：井陉之战

72. 开发岭南的先驱：赵佗建立南越国

73. 博采众长集大成：荀况创立荀学

74. 慷慨悲凉的风骨：建安文学

75. 震惊世界的文物出土：战国中山王墓的发现

76. 中国历法成熟的标志：刘焯的《皇极历》

77. 中国官刻书籍的开端：冯道与雕版印《九经》

78. 传布天下的赵州门风：从谂创赵州禅

79. 留法勤工俭学运动的发祥地：留法工艺等学校的创办

80. 北部边疆转为帝国中心：元中都的兴建

81. 明朝从兴盛转向衰微的标志：土木之变

82. 中国现存最早、体例完善的总志：李吉甫与《元和郡县图志》

83. 秦朝衰亡的起点：沙丘之变

84. 盛唐边塞诗的杰作：高适与边塞诗

85. 商代文明发展的标志：台西商代遗址的发现

86. 引领时代潮流的创造：河北史前文化的发现（北福地遗址的发现、磁山文化的发现、南杨庄遗址的发现）

87. 民国北京政府的控制者：直系军阀的兴衰

88. 慷慨忠诚的正气：杨继盛弹劾权臣

89. 举世罕见的山洞宫殿：满城汉墓的发现

我爱河北

第四章

燕赵多慷慨悲歌之士

　　早在唐代，杰出的散文家韩愈就说，"燕赵古称多慷慨悲歌之士"。数千年来，河北这块土地哺育出难以数计的杰出人物，他们在不同的历史时代为中华民族的兴盛发展作出了卓越的贡献。他们创造的不朽业绩又为河北大地增辉，人杰地灵，相得益彰。

∧ 位于易水河畔的荆轲塔

第一节　荀况

荀况（约前313——前238年），字卿，又名孙况或孙卿，赵国人，战国后期著名的思想家和教育家，是儒家代表人物之一。

荀况曾多次到齐国稷下学宫讲学，名望很高，三次担任学宫祭酒。后来到楚国任兰陵（今山东枣庄东南）令，最后卒于兰陵。

∧ 荀子讲学图

荀况有很多弟子，其中著名的有李斯、韩非、毛亨、张苍等。他的主要言行，载于《荀子》一书中。荀况主要生活在封建国家即将统一的前夕。他为了适应地主阶级实现大一统的要求，总结了春秋以来各个学派的有益观点，摈弃了儒家前辈的某些唯心主义思想，创建了一套结束封建诸侯分裂割据、建立封建中央集权的理论体系。荀子对儒家思想有所发展，对重新整理儒家典籍也有相当显著的贡献。

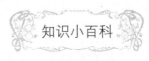

知识小百科

荀子名言

1、锲而舍之，朽木不折；锲而不舍，金石可镂。

2、君子曰：学不可以已。青，取之于蓝，而青于蓝。

3、不积跬步，无以至千里；不积小流，无以成江海。

4、骐骥一跃，不能十步；驽马十驾，功在不舍。

5、恭敬，礼也；谦和，乐也；谨慎，利也；斗怒，害也。

6、岁不寒，无以知松柏；事不难，无以知君子。

第二节　荆轲

荆轲是战国时期著名刺客，喜好读书击剑，为人慷慨侠义。

荆轲后游历到燕国，被称为"荆卿"（或荆叔），被燕太子丹拜为上卿。秦国灭赵后，兵锋直指燕国南界，太子丹震惧，决定派荆轲入秦行刺秦王。

我爱河北

∧ 荆轲刺秦王（汉画像石）

荆轲献计太子丹，拟以秦国叛将樊於期之头及燕督亢地图进献秦王，相机行刺。

公元前227年，荆轲带燕督亢地图和樊於期首级，前往秦国。临行前，许多人在易水边为荆轲送行，场面十分悲壮，吟唱着"风萧萧兮易水寒，壮士一去兮不复还"的诗句。荆轲去国赴秦，秦王在咸阳宫召见了他。荆轲在献燕督亢地图时，图穷匕首见，刺秦王不中，被杀。

荆轲为燕国而死，这一义举千古流传。从古至今，文人墨客以荆轲为题为之吟咏者不计其数，仅记于史志者，名流不下数百篇。晋陶渊明《咏荆轲》诗曰："其事虽已没，千载为伤心"；李白《结袜子》诗曰："感君恩重许君命，泰山一掷轻鸿毛。"明代易州名士王震则在《易水秋风》一诗中写道："函关东渡足无忧，何用荆卿去雪仇。"当代有人留诗曰："孤塔荒郊朔风寒，雀鸟翔集临塔檐。燕王国土今犹在，壮士西奔魂未还。"

第三节　扁鹊

扁鹊（前407—前310年），姬姓，秦氏，名越人，又号卢医，春秋战国时期名医。

扁鹊是渤海郡郑州（今河北任丘）人。由于他的医术高超，被认为是神医，所以人们借用上古神话中黄帝时神医"扁鹊"的名号来称呼他。扁鹊少时学医于长桑君，尽传其医术禁方，精于内、外、妇、儿、五官等科，应用砭刺、针灸、按摩、汤液、热熨等法治疗疾病。

扁鹊奠定了中医学的切脉诊断方法，总结出望、闻、问、切的四诊法。当时，扁鹊的切脉技术高超，名扬天下。有一次，他到了晋国（今山西、河北、河南一带），正碰到了晋国卿相赵简子由于"专国事"，用脑过度，突然昏倒，

<河北内丘县扁鹊庙

我爱河北

已五天不省人事了。大夫（官名）们十分害怕，急忙召扁鹊诊治。扁鹊按了脉，从房里出来。有人尾随着探问病情，显得很焦急。扁鹊沉静地对他说："病人的脉搏照常跳动，你不必大惊小怪！不出三日，他就会康复的。"果然过了两天半，赵简子就醒过来了。准确地用切脉诊病是扁鹊的首创。

扁鹊用一生的时间，认真总结前人和民间经验，结合自己的医疗实践，在诊断、病理、治法上对祖国医学作出了卓越的贡献。扁鹊的医学经验，在我国医学史上占有承前启后的重要地位，对我国医学发展有较大影响。因此，医学界历来把扁鹊尊为我国古代医学的祖师，说他是"中国的医圣"、"古代医学的奠基者"。两千多年来，扁鹊一直受到人们的怀念和敬仰。

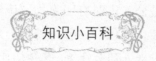

知识小百科

扁鹊见蔡桓公的故事

一天，扁鹊进见蔡桓公，站了好一会儿说道："您有病在皮下，要是不治，恐怕会加重。"桓公回答说："我没有病。"扁鹊退出后，桓公说："医生总是喜欢给没有病的人治病，并把这作为自己的功劳。"过了十天，扁鹊又拜见蔡桓公，说："您的病已经到了肌肤，要是不治，就会更加厉害了。"桓公听后没有理睬他。过了十天，扁鹊再次拜见蔡桓公，说："您的病已经进入肠胃，要是不治，就更加严重了。"桓公仍不理睬他。又过了十天，扁鹊远远地看见桓公转身就跑。桓公很奇怪，故此特派人去问他。扁鹊说："现在桓公的病已发展到骨髓里面，我因此不再过问了。"过了五天，桓公感到浑身疼痛，便派人去寻找扁鹊。这时，扁鹊已经逃到秦国去了。蔡桓公因误了治病时机，不久就死了。

第四节　毛亨、毛苌

毛亨,生平不详,是"毛诗"的开创者。一说西汉鲁(今山东曲阜)人,一说河间(今河北献县)人。作《毛诗古训传》,传授侄儿毛苌。时人谓毛亨为大毛公,毛苌为小毛公。古时有四家为《诗经》作注,齐、鲁、韩三家诗从西晋到宋先后失传,现仅存《韩诗外传》六卷,只有毛亨、毛苌叔侄作注的"毛诗"流传下来。郑玄作笺、孔颖达作疏,成就了《毛诗正义》。

<毛亨与毛苌塑像

我爱河北

毛苌，西汉赵（今河北邯郸）人，相传是古文诗学"毛诗学"的传授者。世称"小毛公"，曾当过河间献王博士。今天我们读到的《诗经》，就是毛亨、毛苌注释的"毛诗"。

公元前212年，秦始皇"焚书坑儒"。毛亨携带家眷一路仓惶地从鲁地北上，来到相对荒僻但水草丰美的武垣县（今河间市），隐姓埋名。直到汉惠帝撤销了"挟书律"，毛亨才敢光明正大地重新整理《诗经诂训传》，并亲口传授给毛苌。

当时，西汉河间王刘德遍求天下"善"书，对四方之士礼遇有加，听说在他的辖区居然有这么一位能够诵经解义的大贤，大喜过望，"礼聘再三"，请毛苌出山，封毛苌为博士，并在都城乐城东面建造日华宫（今泊头市西严铺），北面君子馆村建招贤馆，命毛苌在此讲经，传授弟子。今河间诗经村西北面三里处的君子馆村，就是毛苌当初讲经的地方。

第五节　董仲舒

董仲舒（前179——前104年），西汉广川（今衡水枣强）人，西汉著名儒家学者，哲学家、经学家，《春秋》"公羊学"大师。

董仲舒在30岁时，开始招收了大批学生，精心讲授。他讲学，在课堂上挂上一副帷幔，他在帷幔里面讲，学生在帷幔外面听。同时，他还经常叫他的得意门生吕步舒等转相传授。这样，很多人跟他学了多年，甚至没有跟他见过面。通过讲学，董仲舒为汉王朝培养了一批人才，他的学生后来有的当了诸侯王国的国相，有的成了长吏。由于董仲舒广招门生，宣扬儒家经典，他的声誉也日益扩大，在汉景帝时当了博士，掌管经学讲授。

　　　　　　　　　　　　　　　燕赵多慷慨悲歌之士

∧董仲舒像

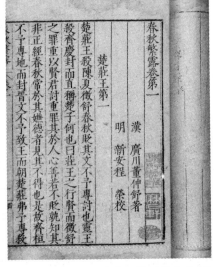

∧董仲舒撰《春秋繁露》

　　董仲舒以《公羊春秋》为依据，将周代以来的宗教天道观和阴阳、五行学说结合起来，吸收法家、道家、阴阳家思想，建立了一个新的思想体系，对当时社会所提出的一系列哲学、政治、社会、历史问题，给予了较为系统的回答。董仲舒把儒家的伦理思想概括为"三纲五常"。汉武帝采纳了董仲舒"罢黜百家，独尊儒术"的建议，从此儒学开始成为官方哲学，并延续至今。其教育思想和"大一统"、"天人感应"理论，为后世封建统治者提供了统治的理论基础。他的著作汇集于《春秋繁露》一书，其思想学说在中国思想文化史上具有很大的影响。

第六节　刘备

　　刘备（161—223 年），字玄德，涿郡涿县（今河北涿州）人，汉中山靖王刘胜的后代，三国时期蜀汉开国皇帝。

　　刘备的父亲刘弘早亡，少年刘备与母亲以织席贩履为业，生活非常艰苦。刘备家屋舍东南角篱上有一桑树高有五丈余，从远处看上去就好像车盖一样。来往的人都觉得这棵树长得不像凡间之物，认为此家必出贵人。刘备小时候与同宗小孩在树下玩乐，指着桑树说："我将来一定会乘坐这样的羽葆盖车。"

刘备像 >

刘备早期颠沛流离，投靠过多个诸侯，后于赤壁之战与孙权联盟击败曹操，趁势夺取荆州，而后进取益州，建立蜀汉政权。公元221年，刘备在成都称帝，国号汉，年号章武，史称蜀或蜀汉，占有今四川、云南大部，贵州全部，陕西汉中和甘肃白龙江一部分。公元223年，刘备病逝于白帝城，终年63岁。

刘备为人谦和，礼贤下士，宽以待人，志向远大，知人善用，素以仁德为世人称赞，是三国时期著名的政治家。

∧ 桃园结义故地——涿州三义宫

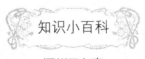

知识小百科

涿州三义宫

三国演义从这里开篇，桃园义气到此处寻根，后人为纪念刘备、关羽、张飞在此桃园三结义而建。刘备、关羽、张飞从这里彻底改变了命运，奠定了一个强大的事业基础。

我爱河北

历史上的三义宫，始建于隋代，唐、辽、元、明、清代均有修葺，距今已有一千四百多年的历史。明正德三年（1508年）武宗皇帝朱厚照亲赐玺书"敕建三义宫"。整座庙宇规模宏大，气势雄伟，文化底蕴丰厚，是寻千古一拜、觅忠义之魂的最佳场所。这里有华北地区最大的木雕塑像群，宫内古柏参天，高大俊秀，人物塑像栩栩如生，历代帝王、将相、文人、墨客争相来此，徘徊瞻眺，流连忘返。

第七节　郦道元

郦道元（约470—527年），字善长范阳涿州（今河北涿州）人，北朝北魏地理学家、散文家。

郦道元生活于南北朝北魏时期，出生在河北省涿县一个官宦世家，少年时代就喜爱游览。后来他做了官，就到各地游历，每到一地除参观名胜古迹外，还用心勘察水流地势，了解沿岸地理、地貌、土壤、气候，人民

郦道元《水经注》>

的生产生活，地域的变迁等。他发现古代的地理书《水经》，虽然对大小河流的来龙去脉有所记载，但由于时代更替，城邑兴衰，有些河流改道，名称也变了，但书上却未加以补充和说明。郦道元于是亲自给《水经》作注。为了写《水经注》，他阅读有关书籍达 400 多种，查阅了所有地图，研究了大量文物资料，还亲自到实地考察，核实书上的记载。《水经》原来记载的大小河流有 137 条，1 万多字，经过郦道元注释以后，大小河流增加到 1252 条，共 30 多万字，比原著增加 20 倍。书中记述了各条河流的发源与流向，各流域的自然地理和经济地理状况，以及火山、温泉、水利工程等。这部书文字优美生动，也可以说是一部文学著作。由于《水经注》在中国科学文化发展史上的巨大价值，历代许多学者专门对它进行研究，形成一门"郦学"。

《水经注》四十卷，文笔隽永，描写生动，既是一部内容丰富多彩的地理著作，也是一部优美的山水散文汇集。可称为我国游记文学的开创者，对后世游记散文的发展影响颇大。另著《本志》十三篇及《七聘》等文，均已失传。

第八节　窦建德

窦建德（573—621 年），贝州漳南（今河北故城东北）人，隋末唐初河北起义军前期领袖。

窦建德年轻时，把履行诺言看得很重。曾经有个同乡死了父母，家境贫寒无力安葬，当时窦建德正在耕田，听到后直叹气，立即放下农活，主动送去办理丧事所需要的全部财物，因此深受乡亲们称赞。原先，他当过

我爱河北

里长，因犯法逃出去了，碰到朝廷大赦天下才回家。他父亲去世，送葬的有一千多人，凡是有人送礼，一概辞谢而不接受。

时炀帝募兵伐辽东，建德在军中任二百人长。目睹兵民困苦，义愤不平，遂抗拒东征，并助同县人孙安祖率数百人，举兵抗隋。及后窦建德家人被隋军杀害，建德率部众二百人投清河人高士达的起义军队。后称雄河北,建立夏国。621年五月为救王世充,在虎牢关一役被李世民击败并被俘，同年七月被唐高祖处死于长安。

窦建德为首的河北义军在山东、河北广大地区坚持反隋和反唐斗争长达12年之久，是推翻隋炀帝暴政斗争中的一支重要力量，作出了光辉的贡献，不失为一位杰出的农民领袖。所以窦建德的遗爱，仍然长期存留在河北人民的心中。河北大名县有"窦王庙"，父老群祭，历久不衰。

第九节　魏徵

魏徵(580—643年)，字玄成,巨鹿下曲阳(今河北晋州)人。唐初重臣，政治家，中国史上最负盛名的谏臣。

魏徵铜像 >

魏徵幼年丧父，穷困失意，扔下家产不经营，有远大志向，对于各种书籍、学问能够融会贯通。

隋末，天下大乱，农民起义纷纷而起。魏徵先加入李密统领的瓦岗军，后随李密降唐。唐太子李建成欣赏魏徵才华，让他担任太子洗马，主管东宫的经籍图书。

玄武门之变以后，李世民由于早就器重他的胆识才能，非但没有怪罪于他，而且还把他任为谏官之职，并经常引入内廷，询问政事得失。魏徵喜逢知己之主，竭诚辅佐，知无不言，言无不尽。加之性格耿直，才识超卓，往往据理抗争，从不委曲求全。

魏徵曾任谏议大夫、左光禄大夫，封郑国公。作为太宗的重要辅佐，他曾恳切要求太宗使他充当对治理国家有用的"良臣"，而非对皇帝一人尽职的"忠臣"。每进切谏，虽极端激怒太宗，而神色自若，不稍动摇。

由于魏徵能够犯颜直谏，即使太宗在大怒之际，他也敢面折廷争，从不退让，所以，唐太宗有时对他也会产生敬畏之心。有一次，唐太宗想要去秦岭山中打猎取乐，行装都已准备停当，但却迟迟未能成行。后来，魏徵问及此事，太宗笑着答道："当初确有这个想法，但害怕你又要直言进谏，所以很快又打消了这个念头。"

还有一次太宗得到了一只上好的鹞鹰，把他放在自己的肩膀上，很是得意。但当他看见魏徵远远地向他走来时，便赶紧把鸟藏在怀中。魏徵故意奏事很久，致使鹞子闷死在怀中。

贞观七年，魏徵由于忠于职守，勤勤恳恳，积劳成疾，恳求太宗免去他侍中职务，太宗一再挽留，但他坚辞，后被任命为特进，仍旧参与门下省事务，实质转为加官的顾问，直到去世。君臣二人齐心协力，共同开创了中国封建史上辉煌的一页——"贞观之治"。

《群书治要》

在魏徵所有著述中，有一本书特别值得一提，它几乎影响了唐太宗一生，那就是贞观初年奉命主编的《群书治要》。这部书上至三皇五帝，下到晋代末年，既有明君治国的经验，也有昏庸败政的教训；既有忠良辅国的故事，也有奸臣欺主的实录。全书65部50余万字，堪称史学巨著。唐太宗读后爱不释手，如获至宝，指示抄给文武百官，相互传看。唐太宗曾对魏徵说，朕读《群书治要》明白了为君、施政、用人、治国的道理。隋炀帝杨广骄奢淫逸而自以为能，最终丧命于匹夫。说明帝王也一样，任性放纵、恣意挥霍、信任奸佞、疏远忠良，只要沾染上其中一件，必然亡国，这都是你的功劳。李世民曾反复告诫群臣"君贪必丧其国，臣贪必亡其身"，就是从《群书治要》一书，所提供的历史经验教训中悟出的无论是君王还是臣子都必须遵循的廉洁奉公的基本道理。

第十节　祖冲之

祖冲之（429—500年），字文远，范阳道（今河北涞水）人，是我国杰出的数学家、科学家。

祖冲之的家庭，从曾祖父起，大都对天文、历法和数学很有研究。祖冲之从小就接受家传的科学知识，阅读了许多天文和数学方面的书籍，勤奋好学，刻苦实践，亲自观察天象，进行推算。他青年时进入华林学省，从事学术活动。一生先后任过南徐州（今镇江市）从事史、公府参军、娄县（今昆山市东北）令、谒者仆射、长水校尉等官职。

<祖冲之像

　　当时南朝社会比较安定，农业和手工业都有显著的进步，经济和文化得到了迅速发展，从而也推动了科学的前进。因此，在这一段时期内，南朝出现了一些很有成就的科学家，祖冲之就是其中最杰出的人物之一。

　　祖冲之博学多才，尤其对天文、数学有相当高的造诣。他在世界数学史上第一次将圆周率（π）值计算到小数点后七位，即 3.1415926 到 3.1415927 之间。他提出约率 22/7 和密率 355/113，这一密率值是世界上最早提出的，比欧洲早一千多年，所以有人主张叫它"祖率"。他将自己的数学研究成果汇集成一部著作，名为《缀术》，唐朝国学曾经将此书定为数学课本。

　　在天文学方面，祖冲之大胆地指出了前人所制历法的不足，提出了历法改革，于刘宋大明六年（公元462年），完成了新历法"大明历"的制定工作。大明历把岁差首次引入历法，把19年7闰法改为391年144闰，

我爱河北

从而使历法更加精密。

　　祖冲之在机械方面也有辉煌的成就。他曾制造过"圆转不穷，而司方如一"的指南车、"日行百余里"的千里船，以及利用水力转动石磨舂米磨谷的水碓磨等。

　　为纪念这位伟大的古代科学家，人们将月球背面的一座环形山命名为"祖冲之环形山"，将小行星1888命名为"祖冲之小行星"。

第十一节　赵匡胤

　　赵匡胤（927—976年），涿州（今河北）人，宋王朝的开国皇帝。

　　赵匡胤年轻时喜爱骑马射箭，胆量过人。948年，投后汉枢密使郭威幕下，屡立战功。951年，郭威称帝，建立后周，赵匡胤任禁军军官，周

宋太祖赵匡胤 >

世宗时官至殿前都点检。960年，发动陈桥兵变，黄袍加身，代周称帝，建立宋朝，定都开封。

宋初，国家处于四分五裂的局面之下，北有契丹和北汉，南有南唐等一些小国家。宋太祖在位期间，采取"先南后北"的战略使国家逐步走向统一，同时通过采取"收其精兵，削夺其权，制其钱谷"的三大纲领，巧妙地用"杯酒释兵权"、"削弱相权"、"罢黜支郡"、"强干弱支"等措施，先后平定了地方割据势力的反抗，削夺了禁军将领和藩镇的兵权，加强了北方和西方各州的边防。赵匡胤在位16年，加强中央集权，提倡文人政治，进行政治、经济、军事改革，革除了五代弊政，开创了中国的文治盛世，使国家呈现出和平、安定的局面。赵匡胤是一位英明仁慈的皇帝，是推动历史发展的杰出人物。

第十二节　郭守敬

郭守敬（1231—1316年），字若思，顺德邢台（今河北邢台）人。元朝著名的的天文学家、数学家、水利专家和仪器制造专家。

郭守敬幼承祖父郭荣家学，自小就攻研天文、算学、水利，喜欢自己动手制作各种器具。莲花漏是一种计时器，是北宋科学家燕肃在古代漏壶的基础上改进创制的。郭守敬在十五六岁的时候就显露出了科学才能，那时他得到了一幅"莲花漏图"。他对图样作了精细的研究，居然摸清了制作方法。

中统三年（1262年），郭守敬受到元世祖忽必烈的召见。他面陈水利建议六条，即被任命为提举诸路河渠。次年，升为副河渠使。至元元年（1264

我爱河北

邢台郭守敬纪念馆＞

年），郭守敬奉命修浚西夏（今宁夏一带）境内的唐来、汉延等古渠，更立闸堰，使当地的农田得到灌溉，事后升任都水少监。

至元十三年，郭守敬任工部郎中。同年，忽必烈命张文谦等主持修订新历，郭守敬与王恂受命率南北日官进行实测，提出了"历之本在于测验，而测验之器莫先仪表"的正确主张。他先后制造了简仪、高表、仰仪、正方案等近二十件天文仪器。这些仪器颇多创造性，大大提高了观测精度，对元、明时期天文研究的影响极为深远。明末来中国的德国传教士汤若望称赞郭守敬为"中国的第谷"。

至元十六年，王恂任太史令，郭守敬任同知太史院事。同年，在郭守敬领导下开展了全国范围的天文测量，"东至高丽，西极滇池，南逾朱崖，北尽铁勒，四海测验，凡二十七所"。其中河南登封的观星台和"量天尺"至今犹存。十七年，《授时历》告成，为中国历史上一部精良的历法，也是当时世界上最先进的一种历法。十八年，太史令王恂去世，郭守敬承担太史院的全部工作，同时陆续整理成《推步》、《立成》等多种著作。

至元二十八年，郭守敬兼领都水监事，领导开辟大都水源的白浮堰，开凿由通州到大都积水潭（今北京什刹海）的大运河最北一段——通惠河的修建工程。他不仅根据大都的地形地貌解决了通惠河的水源问题，而且按地形地貌变化及水位落差，在运河中设闸坝、斗门，解决了河水的水量和水位。三十一年，任昭文馆大学士，兼知太史院事。朝廷不许郭守敬卸职，任事直到八十六岁去世时为止。

1981年，为纪念郭守敬诞辰750周年，国际天文学会以他的名字为月球上的一座环形山命名。其科学成就是多方面的，成为当时著名的大发明家、科学家。其著作有《推步》、《立成》、《历议拟稿》等。

第十三节　关汉卿

关汉卿，生卒年不详，约生活在13世纪20年代前后到14世纪初之间，号已斋叟，祁州（今河北省安国县）伍仁村人，是中国文学史和戏剧史上一位伟大的作家。

关于关汉卿的生平，史料甚少。据记载曾任太医院尹，很可能是属元代太医院的一个医生。关汉卿与戏曲作家杨显之、散曲作家王和卿、杂剧女演员珠帘秀等交游，系大都杂剧写作组织玉京书会的最重要作家，也是我国古代最伟大的戏剧家。一生创作杂剧六十多种，现存的有《窦娥冤》、《救风尘》、《拜月亭》、《望江亭》等十三种，另有小令五十七首，套数十三篇。

关汉卿的杂剧内容具有强烈的现实性和弥漫着昂扬的战斗精神，关汉卿生活的时代，政治黑暗腐败，社会动荡不安，阶级矛盾和民族矛盾十分突出，人民群众生活在水深火热之中。他的剧作深刻地再现了社会现实，充满着浓郁的时代气息。既有皇亲国戚、豪权势要葛彪、鲁斋郎的凶横残

关汉卿画像 >

暴，"动不动挑人眼，剔人骨，剥人皮"的血淋淋现实，又有童养媳窦娥、婢女燕燕的悲剧遭遇，反映生活面十分广阔；既有对官场黑暗的无情揭露，又热情讴歌了人民的反抗斗争。慷慨悲歌，乐观奋争，构成关汉卿剧作的基调。在关汉卿的笔下，写得最为出色的是一些普通妇女形象，窦娥、妓女赵盼儿、杜蕊娘、少女王瑞兰、寡妇谭记儿、婢女燕燕等，各具性格特色。她们大多出身微贱，蒙受封建统治阶级的种种凌辱和迫害。关汉卿描写了她们的悲惨遭遇，刻画了她们正直、善良、聪明、机智的性格，同时又赞美了她们强烈的反抗意志，歌颂了她们敢于向黑暗势力展开搏斗、至死不屈的英勇行为，在那个特定的历史时代，奏出了鼓舞人民斗争的主旋律。

关汉卿是位伟大的戏曲家，后人列为元曲四大家之首。1958年，曾作为世界文化名人，在中外展开了关汉卿创作700周年纪念活动。同年6

月 28 日晚，国内至少 100 种不同的戏剧形式，1500 个职业剧团，同时上演关汉卿的剧本。他的剧作被译为英文、法文、德文、日文等，在世界各地广泛传播，他的作品已成为中国人民和世界人民共同的精神财富。

知识小百科

关汉卿墓

关汉卿墓在今河北省安国市关汉卿故里伍仁村东北 500 米处。坟墓原长 4 米，宽 3 米，高 1.5 米，东南-西北向。相传村西北角为关宅遗址，俗称"关家园"，面积九亩九分。另有关家渡、关家桥、普救寺等遗址，现存"蒲水威观"石匾，传为关汉卿手迹。其轶事传闻在故里世代相传，老幼引以自豪。关汉卿纪念馆设在药王庙（在今安国市南关），展出关氏文物、历史资料和国内外研究关氏作品文章及名人题词。1958 年，国家拨款修成砖墓。1986 年县政府拨款重修。现为直径 10 米，高 3 米的砖基大墓，四周遍植松柏，墓前树碑，碑文为"伟大戏剧家关汉卿之墓"。

第十四节　纪昀

纪昀（1724—1805 年），字晓岚，一字春帆，晚号石云，观弈道人，清直隶河间府献县（今沧县崔尔庄）人。在清代被公认为文坛泰斗，学界领袖，一代文学宗师，在中国和世界文化史上也是一位少见的文化巨人。

纪昀才华横溢，文思敏捷，博古通今，机智诙谐，常常出语惊人，妙趣横生，号称"河间才子"，很得乾隆皇帝赏识。

纪晓岚一生，有两件事情做得最多，一是主持科举，二是领导编修。

我爱河北

纪昀 >

他曾两次为乡试考官，六次为文武会试考官，故门下士甚众，在士林影响颇大。其主持编修，次数更多，先后做过武英殿纂修官、四库全书馆总纂官等，人称一时之大手笔，实非过誉之辞。

乾隆三十七年开四库全书馆，纪昀受命为总纂官。历时 19 年，终于完成巨著《四库全书》。该书分经、史、子、集四部 79937 卷，抄写 7 部，被称为中华民族的瑰宝。他还撰写笔记小说集《阅微草堂笔记》。这部书包括《滦阳消夏录》6 卷，《如是我闻》、《槐西杂志》、《姑妄听之》各 4 卷，《滦阳续录》6 卷，共 24 卷（笔记 1000 余则），堪与《聊斋志异》比肩。纪昀学术成就十分突出，但仕途曲折，他的自题"浮沉宦海如鸥鸟，生死书丛似蠹鱼"，是他一生真实的写照。

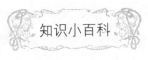

知识小百科

"神童"纪晓岚

纪晓岚从小就有"神童"之称。关于他少年时非凡的才华，民间有很多故事流传。据说，纪晓岚一日在街上与同伴们玩球，正好太守经过，不巧球误扔进太守的官轿。别的孩子早四处逃散，他居然上前拦轿索球。太守见他憨态可掬，于是说："我有一联，如果你能对上，就把球还你，否则就归我。"纪晓岚同意了。太守出上联："童子六七人，唯汝狡。"纪昀不加思索地答道："太守二千石，独公……"最后一个字迟迟不说。太守问他"何以不说出末一字？"他回答说："太守若将球还我，就是'廉'字；若不还，便是'贪'了。"太守不禁大笑，自然把球还他了。

第十五节　张之洞

张之洞（1837—1909年），字孝达，号香涛、香岩，晚自号抱冰，直隶南皮（今河北南皮）人。洋务派代表人物之一，与曾国藩、李鸿章、左宗棠并称晚清"四大名臣"。

张之洞生于贵筑县（今贵阳市），7岁时随父到兴义府城就读，13岁始回河北原籍应试，考取秀才；15岁时赴顺天府乡试中举人第一名，成"解元"；26岁考取进士第三名，成为"探花"，授翰林院编修。1867—1873年任湖北学政。1881年（光绪七年），授山西巡抚后，大力从事洋务活动，成为后期洋务派的主要代表人物。

1883年中法战争爆发，因力主抗争任两广总督。1889年7月调任湖

∧ 张之洞像

广总督，并多次署理两江总督。在督鄂 17 年间，张之洞力主广开新学、改革军政、振兴实业，由此湖北人才鼎盛、财赋称饶，成为当时中国后期洋务新政的中心地区。

1907 年调京，任军机大臣，充体仁阁大学士，兼管学部。次年清政府决定将全国铁路收归国有，张之洞任督办粤汉铁路大臣，旋兼督办鄂境川汉铁路大臣。慈禧太后死后，以顾命重臣晋太子太保。1909 年（宣统元年）病故，谥文襄。

张之洞对于晚清思想界最有影响的是他编撰的《劝学篇》，该书中心思想就是"中学为体，西学为用"。他认为："今欲强中国、存中学，则不得不讲西学；然不先以中学固其根柢、端其识趣，则强者为乱首，弱者为人奴，其祸更烈于不通西学者也。"他主张中学为体，西学为用；中学治身心，西学应世事。为了面对社会出现的新格局，不可不讲西学，只有这样，才能"免迂陋无用之讥"。但光讲西学也不行，还必需以中学作为"根柢"，否则就会产生"离经叛道之弊"。张之洞的主要学术著作都收录于《张文襄公全集》之中。

第五章

传统艺术　各地习俗

　　悠久的历史、灿烂的文化、优越的自然条件，孕育了绚丽多彩、形式多样的民间艺术。河北民间艺术的地方戏曲、民间曲艺、民间歌舞、民间美术、特色工艺、武术杂技，在国内外都是享有盛誉的。河北民间艺术在历史发展的长河中，对人民群众陶冶情操、娱乐身心、抒发情感、交流思想，起到了无形纽带的作用。

∧ 河北梆子剧照

第一节 民间工艺美术

一、唐山皮影

　　唐山皮影是乐亭人民按照自己的语言音调、生活习俗和文化传统，经过改造、培育后形成的光影、美术、雕刻、舞蹈、说唱等为一体的综合性表演艺术。到了唐代（618 年），乐亭人在寺院俗讲和民间说唱艺术变文的基础上，借鉴木偶、剪纸等艺术形式逐步发展成为皮影戏。到明朝末年（1628年）发展到鼎盛时期。

　　唐山皮影戏以历史故事、神话传说、寓言故事为主，题材大多来源于历史名著，主题积极向上，歌颂真善美，鞭挞假恶丑。唐山皮影唱腔为板腔体，唱词多为七字句或十字句，主要板式有大板、二板、二六板、紧板、快板等，伴奏音乐主要是四弦、二胡、扬琴、大阮、唢呐等。

　　唐山皮影诞生以来，产生了一大批优秀剧目和演员。可考的传统剧目有 280 余出。主要有《五峰会》、《小西唐》、《四平山》、《大金牌》、《花木兰》、《全家福》、《喜荣归》、《火焰山》、《盘丝洞》、《洞庭湖》、《三打白骨精》、《人参姑娘》、《刘胡兰》、《沙家浜》、《杜娟山》以及表现现代生活的皮影故事。

　　皮影在群众中有着广泛的影响，近年来，国外的专家学者也来唐山研究考察皮影。唐山市皮影团也经常赴世界一些国家和地区演出。

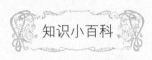

知识小百科

皮影戏起源的传说

相传汉武帝时，一方士为解皇帝思念爱妃李夫人亡故之苦，取海底神石，刻成李夫人模样，置于轻纱缦中，灯光下宛如李夫人重现。皮影由此而起源，至宋、金、元时期呈现出极其繁盛的趋势，并由南至北，形成了异彩纷呈的地方艺术风格。饱汲滦河水滋养的唐山皮影是其中一朵独具魅力的奇葩。

唐山皮影

二、武强年画

　　武强年画具有浓郁的乡土气息和地方特色，其丰富的内容是中国民间社会生活的百科全书。武强年画历史悠久，产生于宋末元初，明、清最为鼎盛。那时人烟稠密的武强南关，"家家点染，户户丹青"，形成了中国北方最大的木版年画产地之一。武强年画构图丰满，线刻粗犷，设色鲜亮，装饰夸张，节俗特色浓厚，是民间年画中的佼佼者。武强年画鼎盛时县城有画店几百家，周围几十个村还有很多画业作坊，每年中秋节以后，这里的画市十分热闹，那些挂在街道两旁的年画，有历史人物、神话传说、寓言童话、喜寿祝辞、人情风俗、儿童妇女、花卉山水等，大多寓吉庆之意。常见的有《喜鹊登梅》、《春牛图》、《狮子滚绣球》、《耕织图》等，最近又

武强年画"六子争头" >

　　　　　　　　　　　　　　　　　　传统艺术　各地习俗

推出走俏的沙发图。在武强还有一种木版年画，它是以杜木或梨木刻版，以黑、红、紫、绿、黄、粉等颜色套印。其构图紧凑饱满，刻版线条粗放、稳健、清晰，既运用黑白效果，又不失古雅质朴的风格，武强木版年画主要工序用手工操作，具有传统的民间工艺特色。武强年画色彩强烈，浓艳而不凝滞，用色虽少变化多端，在造型上具有较高的艺术表现力。很多画都配有风趣，诙谐的诗词等。早在1979年，武强年画就被河北省命名为名牌产品，远销日、美、法、德国及东南亚各国。

三、衡水内画

内画艺术是中国特有的一种传统艺术形式。它以玻璃、水晶料器、琥珀等为壶坯，用特制的变形细笔在瓶内反手绘出细致入微的画面，有人物、山水、花鸟、书法等各种题材，格调典雅，笔触精妙，色彩艳丽，可谓"方寸之间，别有天地"。内画艺术分为"京、冀、鲁、粤"四大流派。京派最早，起源于乾隆年间。冀派发源于衡水，衡水内画也称之为冀派内画。由于衡水内画艺术独树一帜，被文化部命名为"中国内画艺术之乡"。冀派内画的开山鼻祖为王习三先生，所使用的工具是金属杆钩小毛笔，颜料为中国画颜料和油画颜料以及丙烯颜料等。

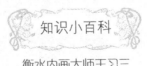

知识小百科

衡水内画大师王习三

王习三，原名王瑞成，1938年出生，第一届中国工艺美术大师，国家级非物质文化遗产项目代表性传承人。1957年拜著名内画艺人叶奉祺和叶峰为师，是"叶派"内画艺术的

第一位外姓传人。他在师承名家的基础上，博采各家之长，汲取国画、书法等艺术的营养，创造了自己的内画鼻烟壶风络。他画山水人物花木虫鱼无所不精，尤擅长绘制人物肖像。他绘制的清朝历代皇帝肖像内画鼻烟壶，被誉为"无与伦比的瑰宝"。他首创被内画界广泛使用的"金属杆勾毛笔"，并开创"油彩内画技法"先河，被海外视为"当代最杰出的内画艺术大师"。

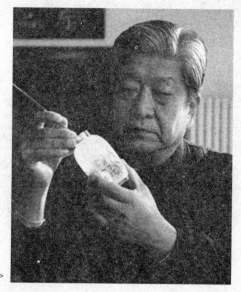

王习三＞

　　衡水内画在继承京派厚朴古雅的基础上，糅进鲁派细腻流畅的传统画法，又将国画皴、擦、染、点、勾、丝等技法引入内画，将内画技法发挥得淋漓尽致。后来又将油彩加入内画技法，打破了传统单一的水彩作画的局限，使内画的图、形、神达到炉火纯青的地步，被称为"中西合璧"的壮举。其艺术特点是风格多样、布局巧妙、立意深远、造型准确、精皴细染、色彩典雅。

　　　　　　　　　　　　　　　　　　　　　　传统艺术　各地习俗

<鼻烟壶内画

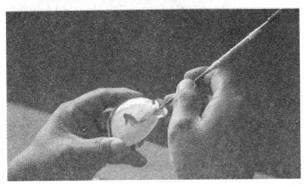

<内画技术

四、蔚县剪纸

　　蔚县剪纸是全国唯一一种以阴刻为主、阳刻为辅的点彩剪纸，迄今已有二百多年历史。它是用薄薄的白纸，拿小巧锐利的雕刀刻下来，再点染上鲜艳的颜色，形成空灵、艳丽的艺术品，集中了中国民间艺术质朴、率真、

 我爱河北

热情的共性和敦厚、阳刚、朴拙的乡土个性，被誉为"中华民族一种美丽的象征性符号"。2006 年 5 月，蔚县剪纸以剪纸项首位的身份入选第一批国家级非物质文化遗产，2009 年 10 月，蔚县剪纸又名列中国剪纸之首入选世界《人类非物质文化遗产代表名录》。2009 年与苏绣、钧瓷在"纪念改革开放 30 周年·中国创意城市文化名片"评选中一起荣获"民俗名片奖"。

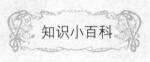

知识小百科

蔚县剪纸大师王老赏

王老赏（1890—1951），姓王名清号老赏，河北省蔚县南张庄村人，是中国著名的民间艺术师，也是蔚县剪纸术开宗立派的人物。王老赏以刻制点染的戏曲窗花而闻名。相传他从七八岁开始学习点染窗花，十二三岁学习刀刻窗花，到二十来岁就学成了。在他从艺的四十多年里，先后创作和再创作了近千幅窗花作品，刻了 200 多出戏文，600 多个不同的戏曲人物，另外刻些花卉禽鸟之类的窗花。作品形象写实、生动，刻工精致、纯熟，点染的色彩鲜明、和谐，成为当时窗花艺人中首屈一指的人物，艺术水平达到当时的最高峰。他的作品不仅深为本地区民众所喜爱，而且广为流传。直到现在，他的作品仍以传统保留项目在民间流行着。

蔚县剪纸艺术特色独具一格，构图饱满充实，场面铺置得满满当当，实多于虚，黑大于白，面强于线；造型生气欢活，在写实基础上，进行夸张和变形。渲染形象的生气，捕捉形象的形态，注重形象的神似；色彩浓艳明亮，色彩的对比上强调热闹。以色彩的明度和纯度提升明亮的色彩调子。蔚县剪纸表现内容丰富。花鸟鱼虫剪纸是分量最大的部分，多采用浪漫主义的创作方法，用物象名称的"谐音"表现吉祥和祝福的心愿。戏曲人物剪纸或是单个人物的造型，或是一场一场小戏及多场次正本戏的完整

∧ 蔚县剪纸

故事，反映劳动人民扬善抑恶的美好心愿。戏曲脸谱剪纸有一百多种，刻画不同的人物形象，表现得活灵活现。新式剪纸是艺术发展和市场经济的产物，题材广泛、包罗万象，具有鲜明的时代特色。

五、辛集农民画

辛集农民画历史悠久，源远流长。早在明清时期，这里的人们就有画、绣、剪、编等民间传统。上世纪 50 年代，以壁画为主要形式的束鹿农民画，清新质朴，范围广泛，人民美术出版社曾经出版过《河北束鹿县壁画选》和《诗洋画海金束鹿》两本画册。1959 年束鹿县农民画参加了德国莱比锡国际博览会。六七十年代，农民画发展趋向文雅工细，注意造型。改革开

 我爱河北

辛集农民画 >

放以来，辛集农民画这支画苑奇葩更加异彩纷呈，绚丽多彩。一批农民画作者脱颖而出，在继承传统的基础上又吸收了现代绘画的艺术营养，作品时代特征鲜明，生活气息浓郁，富有河北淳厚、粗犷、稚拙、绚丽的地方特色。

辛集农民画题材丰富，充满浓郁的乡土气息；构思奇巧，画法细腻纯朴，不拘一格；色彩凝重艳丽，具有无穷魅力。1987 年 2 月，辛集农民画首次登上中国最高艺术殿堂——中国美术馆展出后，先后在香港、法国、德国、奥地利、美国、意大利等 30 多个地区和国家展出，引起了强烈反响，1988 年辛集市被文化部命名为"中国现代民间绘画之乡"。

六、曲阳石雕

首都天安门广场上，耸立着雄伟壮观的人民英雄纪念碑。纪念碑下部

　　　　　　　　　　　　　　　传统艺术　各地习俗

展现中国人民革命斗争画卷的八幅浮雕，就是保定曲阳县石雕艺人的杰作。

曲阳石雕艺术已有 2000 多年的历史。曲阳盛产质地优良的各色大理石，早在汉代，曲阳一带的石雕艺人就用汉白玉大理石雕刻石果、碑文、龙凤、雄狮、观音、佛像等各种工艺品。到了元代，元世祖忽必烈兴建大都（北京），召集各地能工巧匠，曲阳石雕艺人杨琼因雕技精湛，被任命为总管。据记载，天安门前的金水桥，就是由杨琼设计监造的。清代，曲阳石雕曾在巴拿马国际艺术博览会上展出，荣获世界石雕艺术第二名。

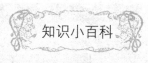

知识小百科

曲阳石雕起源的传说

曲阳县是怎么兴起雕刻的？流传着许多说法，其中最为盛行的是一种带有传奇色彩的传说。相传，春秋战国时期诸子百家流派之一的黄石公，可与鬼谷子齐名，为曲阳县人。他婴儿时被弃于曲阳的黄山，后人谓之为黄石公。他隐居黄山著书立说，留下《太公兵法》和《雕刻天书》。他把前部书传给张良，把《雕刻天书》传给同乡曲阳的宋天昊、杨艺源两位弟子，从此曲阳人学会了雕刻。

新中国成立后，人民英雄纪念碑、人民大会堂、历史博物馆的兴建，天安门的修复，毛主席纪念堂的建造，赵州大石桥的重修等重大工程，都有曲阳石雕艺人参加。现在，首都人民大会堂河北厅中的历史名人浮雕，也是由他们完成的。

曲阳石雕艺术除各种建筑物的雕刻外，还有各种石雕装饰品、工艺品，如人物、山水、花草、鸟兽鱼虫等应有尽有。现在，曲阳石雕艺术有 300 多个品种，作品远销日本、美国、新加坡等 30 多个国家。

我爱河北

曲阳石雕＞

七、承德木雕

　　承德木雕是用承德独有的名贵特产木材为原料，在继承我国传统木雕艺术的基础上大胆创新，雕刻出多种既实用又具有山城特色的艺术珍品。

　　承德木雕图案多取材于大自然中的花鸟、人物、山水，形象生动，刻工精细，微妙逼真。因使用的木材质地很像象牙，承德木雕堪与象牙雕媲美，甚至能达到乱真的程度。艺人们还以本地产的花榆木疙瘩、楸木、杏木、椴木为原料，雕制成炕桌、圆桌、八仙桌、案几、沙发桌等"楠木桌"。桌心是以纹饰美丽的花榆木疙瘩和橙红色的楠木雕刻的，花纹奇美，千姿百态。还有的用不同颜色的木条，在桌面上嵌拼成各式立体图案，并在图案周围雕刻上承德风景、古代建筑和燕山奇峰秀石，具有鲜明的地方特色。承德"楠木桌"已有200多年的生产历史。相传清代康熙皇帝在避暑山庄建造"澹

< 承德木雕

泊敬诚殿"（俗称楠木殿）时，匠人们利用剩余的楠木制成桌，故得"楠木桌"之称。后来，用本地的名贵木材代替楠木制桌，仍称"楠木桌"。

八、秦皇岛贝雕

秦皇岛贝雕是以螺贝为材料加工制成的工艺美术品。秦皇岛市工艺美术一厂的贝雕艺人，以传统的螺贝镶嵌技法为基础，采用中国国画的构图章法，吸取牙雕、木雕等工艺之长，雕制出千姿百态、妙趣横生的浮雕式画面，形成了自己独特的风格。画面上的重峦叠峰、古柏苍松、行云流水、仙阁琼亭等，古朴苍劲，自然洒脱而富有诗意。艺人们利用贝壳的天然色泽、纹理和形态，按照图案的设计要求，贝雕经过切磨镶嵌而成，工艺精细，装模考究。贝壳切磨，有的薄如蝉翼，有的小如米粒，有的细如发丝，有的亮如珍珠。为了使画面的每一根线条或每一部分造型颜色鲜明，浓淡相宜，艺人们还精心选用带有本色的螺贝加工，如用红口螺做山茶花，用

我爱河北

粉口螺做荷花，使色调更加逼真鲜明。

九、易水砚

　　河北传统名砚，产于易州（今易县），故名，也称"易水古砚"，相传始于唐代。砚石取自易水河畔一种色彩柔和的紫灰色水成岩，天然点缀有碧色、黄色斑纹，石质细腻，柔坚适中，色泽鲜明。易砚因材造型，以型定名，艺人因材施艺，精心设计，巧用砚石，刀法精湛。

易水古砚>

易水古砚 1978 年被评为全国三大高档名砚之一。易水制作古砚有上千年的历史，与广东的端砚、安徽的歙砚齐名。易水古砚始于唐代兴盛时期。据有关文献记载，易县产佳墨与名砚，墨称"易水法"，砚为"易水砚"。易水古砚工艺精湛，造型典雅，古色古香，同时易研墨，不伤笔毫，台面潮润，宜书宜画，为世代书法家和收藏家所珍爱。

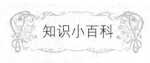

知识小百科

易水砚之最

∧法国前总统希拉克收藏的乾坤朝阳砚

　　1997 年，为纪念香港回归制作的 5 吨巨砚《归》，现作为国宝收藏于北京人民大会堂。

　　1999 年，为迎接建国 50 年大庆，设计制作重 30 吨的《中华九龙巨砚》陈列于北京中华世纪坛。

　　2004 年，中法文化年之际，张淑芬创意、邹洪利设计制作了一方精美绝伦的《乾坤朝阳》砚，赠送给来华访问的法国总统希拉克。

　　2007 年，为见证中华民族的腾飞和崛起，迎接党的十七大和北京奥运会，张淑芬和邹洪利共同设计制作了巨砚杰作——《中华腾龙》砚，体积、重量、工艺为世界之最，现在

我爱河北

已申报吉尼斯纪录。从设计构思、开采石料到巨砚竣工，堪称中国和世界奇砚。它的诞生，标志着易水砚的雕刻技艺达到了非常高超的境界。

十、白洋淀芦苇画

芦苇画是用白洋淀芦苇制作的工艺画，画面本色天然，色泽淡雅朴素，制作考究精美，具有浓厚的水乡特色。白洋淀芦苇工艺画发明于明朝初年，后经历代民间艺人不断探索、改进，现已形成了具有浓郁白洋淀特色的民间工艺，至今已有500余年的历史。工艺画选用白洋淀6月新苇，经高温碳化后，熨平、抽瓤、拼接、粘合等十几道工序及多种艺术手法精心制作而成，还借鉴了中国画意境幽深的艺术特色，具有浓郁的白洋淀水乡风情。因其取材独特，百年不腐，被誉为"绿色艺术品"。苇编工艺画手法细腻，清新古朴，形态逼真，栩栩如生，大有呼之欲出之感。代表作有《渔歌唱晚》、《月上船头》、《荷花图》、《垂钓》、《渔家姑娘》、《钟馗》等。曾荣获"首届中国民间艺术博览会"金奖、"首届河北省旅游纪念品设计大赛"银奖。

白洋淀芦苇画＞

　　　　　　　　　　　　　　　　　传统艺术　各地习俗

第二节　地方戏剧、曲艺

一、河北梆子

河北梆子大约诞生于 1820—1850 年之间。它以北京、天津两大城市和河北农村为基地，逐渐向邻近省市传播。到 1880 年左右，北至海参崴（今俄罗斯符拉迪沃斯托克）、伯力（今俄罗斯哈巴罗夫斯克），南至广州、福州，东至上海，西至乌鲁木齐，都有河北梆子班社的演出活动，是一个颇受广大人民喜爱的全国性的大剧种。1920 年后，河北梆子出现衰势，后急剧衰落，濒临灭绝；新中国建立后，河北梆子才获得新生。河北梆子有适合广大人民需要的丰富多彩的剧目。在它的 500 多个传统剧目里，有的揭露封建统治阶级的腐朽和丑恶，有的反映阶级压迫，有的歌颂抗击侵略战争的英雄人物，有的赞美女性对婚姻自由的追求与向往，有的反映农村生活的风趣。河北梆子编演了 150 多个时装戏，是最早反映当代现实生活的剧种之一。

河北梆子唱腔高亢激越，悠扬婉转，具有浓厚的抒情韵味。大慢板善于表现人物的抑郁、愁烦、缅怀、沉思等情绪。正调二六板如行云流水，从容舒展。而反调二六板则哀怨缠绵、凄楚悱恻。

河北梆子的表演技巧生旦净丑各有自己的表演程式和特长。特别是花旦行当，在清代末叶以其表演丰富多彩而独步剧坛。

河北梆子剧照>

二、西河大鼓

西河大鼓又名"西河调"，是河北省从业人员最多、流行地区最广的一个地方曲种。它起源于冀中一带农村，流行于河北、河南、山东、东北及京津等地。演唱者右手执鼓犍子击鼓，左手操鸳鸯板，用方言演唱；曲调灵活，语言大众化，富于表现力。它说唱并重，长篇、中篇、短篇书目兼有。

据考，西河大鼓原名"梅花调"，流入天津后才改名为西河大鼓。因为天津人习惯把大清河、子牙河统称为西河，而原有的梅花大鼓在此两河流域最为发达，为了将二者区分开来，便把冀中传来的梅花调称作"西河调"了。

在河北省，演唱西河大鼓最有声望者首推马三峰。他是安新县段村人，被曲坛称西河大鼓的创始人之一。在艺术上有很多创造，并带了不少门徒，

传统艺术 各地习俗

<西河大鼓

形成了河北省中部农村一支庞大的西河体系。

西河大鼓的主要伴奏乐器是三弦，演员自击鼓、板。唱词格律基本上由七字句和十字句组成，板头有头板、二板、三板等。

三、乐亭大鼓

乐亭大鼓是河北省广大群众喜闻乐见的曲种之一，流行范围甚广，除冀东各县普遍流行以外，在华北地区和东北也有相当影响。它具有比较完备且富于变化的板式和刻划各种人物的曲牌。常见的曲牌有：四大口、南城腔、四平调、流水板等十余个，即所谓"九腔十八调"。这些曲牌，或委婉清秀、优美动听，或庄重严肃、高亢激昂，或刚柔相济、雅俗共赏。其基本板式有大板、二性板、三性板、散板等。经不断发展、创新，曲板逐渐增至30多个。演唱的书目有中、长篇及小段儿。演唱方式以说唱并

我爱河北

重著称，若刻划正面人物则端庄贤淑，俨然可敬；揭露反面人物则可使之奸狡诡谲，人人皆憎；写意抒情可让人觉得暗香馥郁，瑞气千条，如身临其境。

知识小百科

乐亭大鼓的来历

清朝建立以后，开始为旗人分封土地。被分封在乐亭的崔佑文的前辈们在乐亭县扎下了根，被称为"京东第一皇庄"。崔家酷爱民间艺术，崔佑文不但组建皮影班社、梆子班社、莲花落班社，还有很多大鼓艺人在崔家演唱。崔家也常年供养这些人。一次，崔佑文进京贡奉，带着大鼓艺人到恭亲王府献艺。艺人们的技艺深得王爷的欢心，并确定了"乐亭大鼓"之名。这个名称一直延用至今，这就是乐亭大鼓名称的来历。

乐亭大鼓剧照 >

四 评剧

评剧是流传于我国北方的戏曲剧种，全国五大戏曲剧种之一。清末在河北滦县一带的小曲"对口莲花落"基础上形成，先是在河北农村流行，后进入唐山，称"唐山落子"。20世纪20年代左右流行于东北地区。30年代以后，在京剧、河北梆子等剧种影响下，评剧在表演上日趋成熟，出现了李金顺、刘翠霞、白玉霜、喜彩莲、爱莲君等流派。1950年以后，以《小女婿》、《刘巧儿》、《花为媒》、《杨三姐告状》、《秦香莲》等剧目在全国产生很大影响，出现新凤霞、小白玉霜、魏荣元等著名演员。现在评剧仍在华北、东北一带流行。评剧有东路、西路之分，而以东路评剧为主。2006年，评剧经国务院批准列入首批国家级非物质文化遗产名录。

<评剧剧照

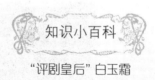

知识小百科

"评剧皇后"白玉霜

　　白玉霜（1907—1942年），评剧女演员，工旦行，"白派"创始人，评剧早期四大名旦之一。原名李桂珍，又名李慧敏，河北滦县人，有"评剧皇后"之誉。1934年白玉霜在上海与钰灵芝、爱莲君合演《花为媒》、《空谷兰》、《桃花庵》，与京剧演员赵如泉合演京评两腔的《潘金莲》及电影《海棠红》等剧，受到上海文化界重视，白玉霜也声誉日隆。白玉霜的演唱艺术不仅折服了上海的观众，也使文艺界对她刮目相看。《时事新报》上刊登了著名戏剧

我爱河北

家欧阳予倩、洪深、田汉的文章，赞誉白玉霜为评剧皇后，也有报纸称她为评剧坤角泰斗。
1936年，明星公司推出了白玉霜主演的电影《海棠红》轰动大江南北，不仅提高了白玉霜的知名度，也扩大了评剧的影响。

白玉霜＞

五、西路梆子

　　西路梆子是河北梆子的雏形，形成于清道光年间。其前身为山陕梆子，经商人传入今沧州海兴一带，当地人结合本地的哈哈腔、罗罗腔、柳子戏、渔鼓戏、秧歌剧及地方民歌、鼓词等说唱艺术兼容武术、杂技、舞蹈等民间技艺，形成了西路梆子，并迅速传播开来。西路梆子唱腔高亢、激昂，曲回跌宕，尤其善于表现悲腔，明显具有山陕梆子向直隶梆子过渡的特征。清道光后期，定名"西路梆子"，与山东同样由山陕梆子演变而成的东路

<西路梆子

梆子并称。西路梆子传统剧目多表现当地民风民俗，且大多来源于当地的传说及故事。演出以生动活泼的形式教育人们尊老爱幼、积德行善、勤劳耕织、尚文进取等。西路梆子"唱、念、做、打"等表演形式内容丰富，角色生、旦、净、丑行当俱全，尤以武生、武丑、刀马旦戏份最重。唱腔高亢、激昂，表演粗犷，念白多用海兴一带方言土语，主弦伴奏与当今河北梆子伴奏指法明显不同，唱词的语言结构比较灵活，句式不拘一格，口语化成分较重。武戏要求演员有极高的武术功底。如著名武生张三创编的传统剧目《张三打拳》、《张三跑马》等广泛流传于河北、京津一带。《走矮人》、《耍轴棍》、《吊小辫》、《抖帽翅》、《仙人脱衣》等高难动作均始创于西路梆子，目前在各大剧种中仍然流行。旦角的青衣、花旦等行当的表演也独具特色，后来对京剧的表演也产生了很大影响。西路梆子深受冀鲁边区一带群众喜爱，曾在京、津、沪、鲁、冀等地广泛传播并盛行一时。清代末期进入宫廷，深受王公重臣推崇。它是今河北梆子的雏形，同时也

我爱河北

为京剧等戏曲艺术提供了丰富的营养。挖掘、整理、研究、传承西路梆子，对于海兴以及冀鲁边区一带的民间戏曲、民间音乐发展史研究，尤其对我国重要剧种河北梆子渊源的研究有着极其重要的价值。

六、梨花大鼓

梨花大鼓早期叫"犁铧大鼓"，因演唱者手持犁铧片伴奏而得名。在河北省南部一带流行，是中国曲坛上一枝别具风采的鲜花。

梨花大鼓历史悠久。据考，它发源于山东、河北南部农村，清光绪年间始进入市井。清末民初小说家刘鹗在《老残游记》中所写的黑妞、白妞（即刘小玉姐妹）皆为驰名犁铧大鼓演员。早期的梨花大鼓，因植根于民间，多诉露民间疾苦表现农家故事。它风格朴实，富有浓郁的乡土气息。曲调高昂，说、唱、道、白兼备，叙事抒情交融。传统书目很多，其中尤以说为主、唱为辅的中长篇书见长。现流行的有《包公案》、《海公案》、《西厢记》等。

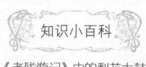

知识小百科

《老残游记》中的梨花大鼓

《老残游记》中对梨花大鼓的描写可谓脍炙人口：黑妞"左手取了梨花简，夹在指头缝里，便叮叮铛铛地敲，与那弦子声音相应；右手持了鼓槌子，凝神听那弦子的节奏。忽羯鼓一声，歌喉遽发，字字清脆，声声宛转，如新莺出谷，乳燕归巢……"又说白妞："启朱唇，发皓齿，唱了几句书儿。声音初不甚大，只觉入耳有说不出来的妙境：五脏六腑里，像熨斗熨过，无一处不服贴；三万六千个毛孔，像吃了人参果，无一个毛孔不畅快。唱了十数句后，渐渐的越唱越高，忽然拔了一个尖儿，像一线钢丝抛入天际……"把女高音描写成一线直入云天然后尚能回旋转折的钢丝，拟喻奇绝，前无古人。刘鹗写法的绝妙让我们在百年之后还能品味到梨花大鼓那独特唱腔的无穷韵味。可见梨花大鼓很早就传流于世，倍享盛名。

< 梨花大鼓

第三节　地方传统舞蹈

一、昌黎地秧歌

昌黎地秧歌是河北省最具代表性的民间舞种之一，分布在秦皇岛的昌黎、卢龙、抚宁、乐亭、滦县等地。昌黎地秧歌以轻快自如、自由灵活的动作、细腻、风趣的戏剧性表演见长。最早产生于元代，昌黎先民祈盼风调雨顺，

昌黎地秧歌 >

五谷丰登的一种舞蹈，经不断继承和发展，从简单到复杂，从地摊到舞台，而逐步形成了一个较完善的艺术种类。凡遇年节或喜庆日子，地秧歌队伍遍及昌黎城乡，群众自我娱乐、自我演出、自我表现已成世代相沿的传统习俗。由于地理上的位置及战争、移民等多种因素，昌黎地秧歌在发展中也融进了其它民族和地区的民间艺术。

二、井陉拉花

井陉拉花类属北方秧歌。产生并流传于石家庄井陉县境内，兴起于明清，源于民间节日、庙会、庆典、拜神之时的街头广场花会。建国后，井陉拉花经过多次挖掘、整理、发展，享誉全国，名扬海外。井陉拉花有多种流派沿传，有关"拉花"称谓的传说很多。一说拉花是在拉运牡丹花过程中形成的舞蹈，故称"拉花"；又说"拉花"是在逃荒中形成的舞蹈，"拉花"即"拉荒"的谐音；还说因舞蹈中的女主角叫"拉花"而取名拉花。

<井陉拉花

　　长期以来，井陉拉花以深沉、内在的风韵，刚健、苍凉、压抑的艺术风格，富有表现力的舞姿和舞蹈动律，深受广大人民群众喜爱，被誉为河北省最有代表性的四大舞种之一。

三、二贵摔跤

　　"一人顶两人，难解又难分。自己摔自己，底下定乾坤。"这是承德人描述"二贵摔跤"的一首打油诗。这项相传始于清康熙年间的满族民间舞蹈，一路"摔"了300多年。二贵摔跤原来有一个更外化的名字叫"乔相扑"，承德人俗称"二鬼摔跤"，它是集体力、智力、灵敏于一身的表演性体育项目，曾广为流传。运动员在表演时，一人穿上道具，将道具绑在背上。在道具围子的隐藏下，以双臂双腿模拟二人摔跤动作，以抢、转、滚、翻、摔、扫、踢、挡、下绊、托举等摔跤技巧，互相扭摔，并做出许多滑稽、幽默、逼真的摔跤动作。表演中，还伴有锣鼓点以增加气氛。

我爱河北

二贵摔跤 >

上世纪 50 年代中期以前的几百年中，这项运动在承德相当普及，在花会、节日里经常见到。后来受种种因素影响，一度销声匿迹。

四、徐水狮舞

舞狮，俗称耍狮子或狮子会。舞狮，始于汉，盛于唐。

河北是北狮的发祥地。徐水狮舞属于北狮，素有"北狮之宗"美誉。20 世纪 50 年代曾访东欧六国，两次赴朝鲜慰问演出，接受了毛主席、周总理等党和国家领导人的检阅。后来两次赴美国演出，两次赴韩国演出，多次参加全国各地的大型活动，成为徐水民间文化知名品牌，2006 年被文化部命名为国家级首批非物质文化遗产。

徐水县北里村狮子会创建于 1925 年，以民间花会形式存在，建国后得以迅速发展。村里最老的舞狮传人说，据记载是从 1927 年开始，当时人们用最简陋的柳筐糊上彩纸作狮头，而建国初期已经在全国闻名。北里村的农民 1953 年带着狮子舞参加全国第一届民间音乐舞蹈汇演，荣获嘉

传统艺术　各地习俗

<徐水舞狮

奖,随后被选出国演出。20 世纪 60 年代北里村分成了南北里和北北里两
个村之后,两村的狮舞在相互竞争中不断创新、发展,形成了独特的"武狮"
表演风格,模仿狮子的行为举止,形成了狮吼、狮跳、狮卧等四十多种狮
舞招牌动作。

五、沧州落子

　　沧州落子是冀中一带具有浓郁地方特色的民间歌舞,是大秧歌中的一
个小场子,起源于清代嘉庆和道光年间。传统的落子,女的脚踩寸跷,手
持花扇或小竹板,男的手打霸王鞭。落子的舞蹈特点是:扇花少,舞姿造
型多,注重曲线美,讲究韵味儿。扇舞的风格潇洒,板舞的动作幅度大,
节奏变化多,非常明快。传统的落子节目,大多是表现旧社会劳动人民的
苦难生活,以及爱情故事和人们对幸福、美好生活的憧憬,如《茉莉花》、
《放风筝》、《叹情郎》、《绣手绢》、《尼姑思凡》等。已故的著名民间舞蹈
家周树棠在继承和发展沧州落子方面有突出的贡献。周树棠从小在"落子
坊"学艺,经过四十多年的磨练,自成了落子舞的一个艺术流派。他的舞

我爱河北

124

沧州落子>

蹈动律特点是突出刻画了女性"三道弯"的舞姿造型：头是歪的，腰是拧的，腿是曲的，线条儿美，韵味儿浓，使人感到典雅、秀美、端庄。在舞蹈步伐上，吸收了我国古典舞和兄弟民族舞的优长。

第四节　各地节庆民俗

一、中国吴桥国际杂技艺术节

沧州吴桥县素有"中国著名杂技之乡"、"世界杂技艺术摇篮"的美誉。创办于1987年的中国吴桥国际杂技艺术节是以杂技之乡"吴桥"命名的

　　　　　　　　　　　　　　　　　　传统艺术　各地习俗

国际性杂技盛会，每两年一届，到2013年，已经举办了十四届。这一艺术节由文化部和河北省人民政府共同主办，经过近20年不懈的追求与探索，中国吴桥国际杂技艺术节已经从地方性的杂技赛事跨入了国家级艺术节的殿堂，成为我国杂技艺术领域中举办历史最长、规模最大、规格最高的国际艺术节。同时，中国吴桥国际杂技艺术节在国际马戏界的影响日益广泛，"CHINA吴桥"作为东方杂技大赛场的代名词已蜚声国际杂坛，与摩纳哥蒙特卡洛国际马戏节、法国巴黎"明日"与"未来"一起成为国际马戏界公认的世界三大杂技赛场之一。中国吴桥国际杂技艺术节已在国际马戏界奠定了稳固的地位，金狮奖已成为国际马戏界最向往、最瞩目的奖项之一。

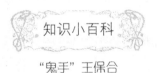

知识小百科

"鬼手"王保合

∧ 王保合表演杂技

在吴桥杂技大世界，有一位身怀绝技的老人，他就是蜚声国内外、获奖无数、被人们称为"鬼手"的王保合。王保合成长于一个杂技世家，他的祖父和父亲都曾在北京天桥摆摊卖艺，祖父王玉森还有一个"江湖八大怪之一"的名号，在北京天桥小有名气。王保合6岁时开始跟着父亲到天桥卖艺，辅助父亲的节目，表演一些基本功。1958年，王保合加入了吴桥马戏杂技团，成了一名正式杂技演员，他有两手绝活："三仙归洞"和"缩骨软功"。吴桥杂技被列入第一批国家级非物质文化遗产名录后，王保合成为该文化遗产项目代表性传承人。

吴桥杂技大世界 >

吴桥杂技 >

传统艺术 各地习俗

二、中国·沧州国际武术节

　　沧州武术节在1989年10月中旬创办首届，沧州武术节是全国举办武术节最早、经验最丰富、比赛表演项目最多的一个群众性武术节日，在海内外有较高的知名度。2010年10月9日至11日，在沧州市举办的第八届中国·沧州国际武术节，经国家体育总局批准正式升格为国家级节庆活动，主办单位是国家体育总局、河北省人民政府，承办单位是中国武术协会、

< 沧州武术表演

< 沧州武术

河北省体育局、沧州市人民政府。"亮剑沧州，武动世界"，中国·沧州国际武术节是世界武术精英的大聚会、武技的大交流、形象的大展示。

　　沧州是全国唯一地市级武术之乡。这里武术发展历史悠久，拳械门派众多，名家名师辈出，群众基础雄厚。在南莆田、中登封、北沧州的中国武术发展大格局中占有重要地位。"武健泱泱，拳涛滚滚"是沧州习武盛况的生动写照；"镖不喊沧"让沧州武术名闻遐迩；霍元甲、王子平、佟忠义等武林豪杰将沧州武术推向极致。近年，沧州武术进一步弘扬光大，目前全市武术馆校达600多所，习武人数上百万。武术这一特有的传统文化体育项目，已成为宣传沧州、推介沧州的名片。

　　中国沧州国际武术节融武术、文化、经济为一体，重点突出沧州传统武术的特点与优势，充分体现武术节的群众性、传统性、学术性与国际性。历届举办节日邀请各个国家和地区的武术界朋友，参加"传统武术国际恳谈会"、经贸洽谈会、名优特产精品展销会、国际精武联谊研讨会、武术竞技赛、表演赛等各种活动，提出弘扬"爱国、修身、正义、助人"的精武精神，发扬"精武一家"的优良传统，扩大了沧州"武术之乡"的影响。

三、深州武强安平"放灯"

　　在衡水市的深州，正月十五俗称"小年"。旧时，这一天各家各户要张灯结彩，中午吃馒头、肉菜，放鞭炮。人们互相宴饮，夜不为禁。这天晚上，人们用黄米面做成灯盏，用麦莛作灯捻，蘸食用油点着，散放在屋内屋外的角角落落。有人把灯在自己或其他亲属的头顶、四肢放一放，据说可以消灾祈福，叫"散灯"或"祭灯"，也叫"十五的神灯"。

　　安平民间的"放灯"，是用白菜疙瘩作灯座，用高粱席篾包上纸，蘸上食用油点燃，从屋里依次放到屋外，再到路上，据说鬼神就会跟着灯上路走了。把灯在孩子们头上放一下，俗称"顶灯"，据说这样孩子们可以

<　放灯

长得快。

武强民间旧时"放灯"习俗有三种：一是放路灯，即用棉花缠上芦苇秆或麻秆，在油里浸泡，拿到村外点着，依次放在路边；一种是放散花灯，即用棉纸包裹麻籽在油里浸透，十五、十六的晚上，点燃撒放在屋中、院内和街道上；三是放挂灯，即在门口或街上悬挂五颜六色的纸灯、纱灯、玻璃灯，还有"转灯"。叫"灯笼方子"，上面绘着戏曲故事和灯谜。

"放灯"的习俗，寄托了先民企盼生活红红火火的美好愿望。

四、邯郸丛中花会

丛中是古城邯郸的一个镇，这里有一个民间花会表演的固定模式。据传，丛中花会始于明朝太祖年间，古时多在农历二月十四至十六这三天，六年一小闹，十二年一大闹。丛中花会有 20 种表演形式，24 个班，分为

我爱河北

丛中花会 >

造型艺术 5 个班，武术 4 个班，表演艺术 9 个班，小杂耍 6 个班，以沿街表演为主要形式，分 4 个组合，各组合互相配合，整个表演始终浑然一体。花会的传统节目均以表现普通百姓的爱憎为主，兼以娱乐，经几百年来的磨炼已臻化境，演技日趋成熟，形成颇具特色规模的民间艺术类型。

五、涿州花灯节

涿州花灯节始于汉，兴于唐，盛于明清，因坐落在涿州南北大街中间的"通会楼"而得名，清末民初时"通会灯市"列为涿州八景之首。通会楼建在城内南北中轴线的三分之二处，地势最高，是全城的制高点。古时候，这里是涿州最繁华、热闹的地方。元宵灯会就是以此为中心，向四周延伸开去。每年正月十五元宵节之夜，涿州城内张灯结彩，火树银花，千家万户，燃烛通宵。花灯节上，大街小巷花会表演载歌载舞，观灯人群熙熙攘攘，远远看去，火龙一般。 唐代时涿州花灯与扬州花灯并驾齐驱，闻名天下。

<涿州花灯节

六、南戴河荷花艺术节

300多种精品荷花竞相开放，600亩荷园飘香迎客，国内外60多名雕塑艺术家，100多件雕塑展品在飘香荷花中开展，吸引八方中外游人渴慕的目光。这是2011年7月19日，第八届南戴河荷花艺术节暨2011蓝色交响·中国南戴河国际雕塑展的盛况。美丽迷人的南戴河中华荷园，千般柔情绽放，万朵荷花争相斗艳。

南戴河荷花艺术节从2003年开始举办。每届从不同侧面展示浓郁的荷文化，每年吸引100多万中外游客慕名而来，已成为拉动南戴河旅游发展的重要引擎，成为秦皇岛市著名的节庆品牌。

南戴河荷花艺术节，以荷花艺术节为平台，加强了文化与旅游的融合，对全力构建以荷文化、海文化、森林文化、民俗文化、雕塑文化、佛教文化等多元文化为主题的文化景区，功不可没。

我爱河北

七、木兰围场草原节

　　承德是著名的历史文化名城和风景园林旅游城市。在这块美丽而神奇的土地上，灿烂的世界文化遗产、迷人的森林草原风光、浓郁的满蒙风情相映生辉，"紫塞明珠"日益焕发出熠熠的光辉和诱人的魅力。作为国家首批重点建设的旅游城市，承德拥有历史文化之美、山水园林之美、草原风光之美、民族风情之美、现代都市之美，囊括了绝大部分旅游资源类型。

　　为了打造承德世界文化遗产地、皇家风景园林旅游城市的整体形象，促进旅游业的繁荣与发展，国家旅游局、河北省人民政府决定每年6月2日至4日在承德市举办中国承德避暑山庄国际旅游节。

草原节 >

　　　　　　　　　　　　　　　　　　　传统艺术　各地习俗

旅游节向游客展示中国历史文化名城风姿，领略世界文化遗产精髓，探寻清代皇家文化神韵。主要活动有端午节避暑山庄大型开幕式，国际龙舟大赛，参加丰宁民俗草原节参与舞龙、舞狮、布糊画制作等多种民俗文化活动，参观郭小川故居，骑马畅游京北第一草原，观看满蒙民俗风情舞蹈表演，品尝风味小吃等。

第五节　民间传说

一、女娲炼石补天

在邯郸市的涉县，有一座中凰山，山的悬崖峭壁上，有一座建筑精巧的宫殿—娲皇宫。传说这是为了纪念人类的祖先—抟土造人的女娲建造的。

传说在古时代，那时还没有人。有一位叫女娲的女神，用黄土捏了很多小人，这些小人慢慢变成了真人，这就是人类的来历。有一个叫共工的恶神，生得人面蛇身赤发，面目狰狞可怕，而且力大无比。共工和一位叫颛顼的神争夺统治天下的权力。共工没有取胜，十分恼怒，就一头撞在不周山上。结果把不周山（不周山是支撑天地间的柱子）撞倒了，天漏了个大洞，地裂了道大缝。结果，森林起了大火，江河水患成灾，豺狼虎豹也跑出来伤害人类。

女娲看到这种情况，在中凰山里经过七七四十九天，炼制了一块五彩石，把天上的洞补好了。这块五彩石留在天上，于是就有了星星、月亮和

我爱河北

娲皇宫＞

彩虹。她又砍下大海神龟的四只脚，立在四方当作柱子，把天地分开。这
四根柱子的方向，就是后来的东西南北。女娲又杀死了江河里兴风作浪的
黑龙，止住了风雨，还用芦苇烧起熊熊大火，赶走了猛兽，用芦苇的灰堵
住了泛滥的洪水，让人们可以平平安安地过日子了。

二、二郎担山赶太阳

相传古时候，有个叫二郎的小伙子。二郎不但勤劳勇敢，而且为人忠
厚诚实。他的力气特别大，大得能搬起几座大山。他有一双飞虎鞋，穿上
它能翻山跨海，日行千里。老百姓们就推选他当了首领。

传统艺术 各地习俗

有一年，天上出现了 12 个太阳。炽热的阳光把大地烤得石裂缝，地冒烟，人们辛辛苦苦种的庄稼，在太阳的照射下都枯黄了。二郎每天起早贪黑，和百姓们一起挑来河水浇灌秧苗。这一天，天已过中午了，还不见母亲给自己送饭来。二郎不放心，就放下水桶往家走。走到半路，看见娘躺在路旁，热得昏倒在地上。二郎望望天上火辣辣的太阳，想，如果再不把这 12 个太阳除掉，还不知有多少人要饿死和热死呢。第二天，二郎砍了一棵千年古树作扁担，把太行山的 12 座小山装进两只大筐，穿上飞虎鞋，挑起扁担去追赶天上的太阳。二郎走起路来一阵风，每赶上一个太阳，就用一座大山把它压住。就这样，他已赶上了天上的 10 个太阳，把它们压在了山下。第 11 个太阳，被二郎压在了赤城县，剩下的一个太阳就在东海边上，二郎本想还去追赶，但已累得走不动了。

现在，在赤城县城西北 9 公里燕山脚下，有一口温泉叫作"天下第一泉"，传说下面有二郎用山压住的太阳，是太阳把泉水烤热的。温泉附近有两座小山叫作"二郎墩"，那是二郎歇脚时从鞋里倒出来的泥土堆成的。

三、孟姜女哭长城

相传秦始皇时，劳役繁重，青年男女范喜良、孟姜女新婚三天，新郎就被迫出发修筑长城，不久因饥寒劳累而死，尸骨被埋在城墙下。孟姜女身背寒衣，历尽艰辛，万里寻夫来到长城边，得到的却是丈夫已死的噩耗。她痛哭城下，三日三夜不止，城为之崩裂，露出范喜良尸骸，孟姜女于绝望之中投海而死。

山海关孟姜女庙>

四、"鹿"的传说

河北省有几个县名都带"鹿"字，如"巨鹿"、"涿鹿"、"束鹿"、"获鹿"。在民间，老百姓对其来历都赋以优美的传说。比如"获鹿城"的来历，就很有趣。传说秦朝末年，楚汉相争，项羽追赶刘邦的大将韩信，从太行山上来到河北平原。当时正是烈日炎炎的盛夏，太阳烤得大地直冒烟，韩信的人马又热又渴，士兵们都吵着要水喝。可是附近既没有井，也不见河。韩信只好四处去找水。走着走着，忽然从前面草丛里跑出来一头白鹿，他搭弓拈箭，"嗖"地一声，射中了。赶到一看，是一块跟鹿一模一样的白石头。韩信起初有点失望，可是，当他把箭往外一拔时，一下窜出了一股泉水。接着，只见清清的泉水咕嘟咕嘟猛往上涌。人们就给它起名叫"白鹿泉"。后来在这儿建立了一座城池，叫"鹿泉城"。鹿泉城以后改名为"获鹿城"。这就是今天的获鹿县城关镇。

<白鹿泉

五、赵州桥的传说

赵州境内的交河，传说是西天王母娘娘为防止牛郎与织女偷偷相会用金钗所划，一夜之间突然形成，并与天上银河相连，称为通天之河。大河形成后，王母娘娘还是不放心，就派天将二十八宿潜伏交河，日夜镇守，监视阻止牛郎、织女相会。

二十八宿性情凶猛残暴，自从下凡以后，在交河两岸胡作非为，沿岸百姓惶惶不可终日。能工巧匠鲁班由山西去山东路过赵州，见此惨境，便决定在此修桥为当地黎民百姓排忧解难。但由于二十八宿从中作怪，桥梁日修夜毁，终不得成功，鲁班心急如焚。

性情刚直无私的饕餮天神，得知此事来到交河相助。与二十八宿大战一场，二十八宿败逃回天庭，告知王母。王母大怒，立即派众天神捉拿饕餮归案。众天神无一不受过二十八宿的陷害，与饕餮一起合伙杀死了二十八宿。饕餮大口一张，喝干了交河之水。鲁班在众天神的帮助下，一

夜之间架起了一座犹如长虹的大石桥——赵州桥。众天神从此和饕餮一起永远驻留在大桥石礅上。

六、药王摘匾

药王实有其人，姓邳名彤，安国人，他是东汉光武皇帝二十八位主将当中一个有名气的人。此人能文善武，精通药理，经常给人看病，是位药到病除的神医。

这年他为一个同僚治好"对口疮"，人家给他挂了一块门匾，药王邳彤一时名扬四方。不过，姑妈额头上长了一个小疙瘩，他怎么治也治不好，居然被一个采药的山乡野医治好了。邳彤这才感到自己的医术并不高明，真正能药到病除的药王在民间！回到家他把门口挂的"药王邳彤"的匾摘了下来。此后，邳彤经常扮成串乡医生，走村串户，采方治病，终于成为一个名副其实的"药王"。邳彤死后葬于安国县城南关，后人为他兴建了"药王庙"。

药王庙 >

　　　　　　　　　　传统艺术　各地习俗

七、桃园三结义

　　古典小说《三国演义》中，刘备和两个兄弟关羽、张飞一起，在军师诸葛亮的帮助下，东征西战，称雄一方。刘、关、张三人结拜的地方，就在河北省的涿州市。离涿州市不远处，有个村庄叫忠义店。这个村过去不叫这个名字，叫"张飞店"，据说这里是张飞的老家。张飞是卖肉的出身，他平时除了卖肉，就是习武练功，勇猛过人，武艺高强。平时他把猪肉放在门前的一眼井里，井口上压着一块千斤重石。因为没人搬动石头，所以肉也丢不了。他在井旁石上写上两行字：搬动石头者，白割肉一刀。

　　一天，一位红脸膛、长胡须、细眼浓眉的大汉，来到这里贩卖绿豆，这人就是关羽。关羽看了石头上的字，微微一笑，两膀一叫劲，"嘿"地一声，搬开了大石头，不客气地一刀割走了半扇猪肉，放到自己的小车上，到集市上卖绿豆去了。张飞一听火冒三丈，就到集市上找关羽算帐。他走上前去，抓起一把绿豆，一用劲把绿豆拈成了碎面，左一把，右一把，眼看关羽的绿豆都成了豆粉。关羽忍不住，问为什么把绿豆拈碎，张飞说这是糟绿豆，二人动手打了起来。这时，一位眉目慈善忠厚的汉子，挑着一担草鞋过来，上前把二人分开，来人就是刘备。三人互相通报了姓名，越说越投机，就一同到张飞的店中饮酒。后来，三人在桃园里结拜成兄弟，干了一番轰轰烈烈的大事业。

　　现在，涿州市的忠义店村，还有为刘、关、张结义建的"三义庙"。

第六章

燕赵山水　风光如画

　　河北是中国唯一兼有海滨、平原、湖泊、丘陵、山地、高原的省份，类型齐全的地形地貌和宜人的气候，造就了河北独特的自然风光。悠久的历史文化，众多的文物古迹，绚丽的民族风情，使河北成为我国旅游资源大省之一。

∧ 河北境内的万里长城

第一节　革命圣地西柏坡

　　西柏坡原本是太行山中一个普通的小山村，自 1948 年 5 月至次年 3 月间，这里成为当时中国革命的领导中心，中国共产党从这里走向了全国胜利。

　　西柏坡三面环山，一面环水，西扼太行山，东临冀中平原，易守难攻。1947 年的中国共产党选择它作为中国革命的指挥中心，领导全国人民和人民解放军与国民党进行战略大决战。如今，西柏坡纪念馆已经成为全国著名的爱国主义教育和革命传统教育基地。

　　1978 年，西柏坡中共中央旧址和纪念馆同时开放。中共中央旧址被国务院公布为全国重点文物保护单位。馆内的陈列展览，集声光电现代化

西柏坡 >

燕赵山水　风光如画

设施于一体，围绕"新中国从这里走来"这一主题，介绍了中共中央和毛泽东等老一辈革命家在西柏坡的伟大革命实践，集中展现了西柏坡的历史地位及深远影响。西柏坡还建有纪念碑、领导风范雕塑园、西柏坡石雕刻园等。中共七届二中全会的旧址在大院西侧，原为机关大伙房。西柏坡纪念馆馆名为邓小平1984年题写。展览点设计完善，制作精美，艺术品位高，独具特色，被国家文物局评为"1998年度全国十大陈列展览精品"之一。

今天，西柏坡已成为著名的革命纪念地和国家重点风景名胜区，被列为国家重点文物保护单位、全国精神文明建设先进单位、国家重点风景名胜区和5A旅游景区。

知识小百科

"进京赶考"

开完七届二中全会，中共中央和毛泽东就准备搬家了。他们要告别中国革命的最后一个农村指挥所——西柏坡，踏上进京的征程。1949年3月23日上午，吃过早饭后，毛泽东率中央机关准备起程向北平进发了。在这个历史性的时刻，机关大院里站满了兴奋和激动的人。此时，毛泽东仍安坐在那张半旧的躺椅上看书。毛泽东身边的工作人员轻声催促道，主席，大家都准备好了。毛泽东站起身，把手里的书交给工作人员说："这本书你带上吧！"临上车前，毛泽东与刘少奇、周恩来、朱德以及院子里的许多同志紧紧握手。他对周恩来说："今天是进京的日子，赶考去哟！"周恩来说："是啊，我们都应当能够考试及格，不要退回来！"毛泽东说："不能退回来，退回来就失败了。我们绝不当李自成。"说着，他向大家挥了一下手："希望我们都能考个好成绩！"

第二节　避暑山庄　皇家园林

一、避暑山庄——占地最大的古代帝王宫苑

　　避暑山庄是清代皇帝避暑和处理政务的场所，位于承德市北部。始建于 1703 年，历经清康熙、雍正、乾隆三朝，耗时 89 年建成。避暑山庄兴建后，清帝每年都有大量时间在此处理军政要事，接见外国使节和边疆少数民族政教首领。这里发生的一系列重要事件、重要遗迹和重要文物，成为中国多民族统一国家最后形成的历史见证。1994 年，避暑山庄及周围寺庙（热河行宫）被列入世界文化遗产名录。2007 年被批准为国家 5A 级旅游景区。宏伟美丽的园林和园外汉、蒙、藏等不同民族风格的寺庙，使承德市成为我国北方著名的旅游城市。

　　避暑山庄占地面积 564 万平方米，宫墙周长约 20 华里。比北京颐和园大了近一倍。这座规模宏大的园林拥有殿、堂、楼、馆、亭、榭、阁、轩、斋、寺等建筑 100 余处。它的最大特色是山中有园，园中有山，山区占了整个园林的 4/5。与北京紫禁城相比，避暑山庄以朴素淡雅的山村野趣为格调，取自然山水本色，吸收江南塞北风光，成为中国现存占地最大的古代帝王宫苑。

∧ 避暑山庄匾额

∧ 殿内景象

 我爱河北

∧ 避暑山庄园林景区

二、外八庙——多民族风格的古建筑宝库

承德的"外八庙",是清代修建的一个规模庞大的寺庙群,凝聚了汉、蒙、藏等多民族建筑风格和艺术的古建筑宝库。它们分布在承德避暑山庄外东面和北面,众星拱月般围绕着避暑山庄。山庄是皇权的象征,这些代表着不同民族的庙宇建筑,则象征着国家的统一、民族的团结。

"外八庙"实际上并不只8座庙,原有寺庙12座,即溥仁寺、溥善寺(已无存)、普宁寺、安远庙、普乐寺、普佑寺(大部分无存)、普陀宗乘寺、广安寺(已无存)、殊象寺、罗汉堂(大部分无存)、须弥福寿之庙、魁星楼(原楼已毁)。现尚存7座。

∧ 普宁寺

∧ 安远庙

 我爱河北

三、木兰围场——清代皇家猎苑

　　木兰围场，位于承德市围场满族蒙古族自治县，与内蒙古草原接壤。这里自古就是一处水草丰美、禽兽繁衍的草原。"千里松林"曾是辽帝狩猎之地，"木兰围场"又是清代皇帝举行"木兰秋狝"之所。公元1681年，清帝康熙为锻炼军队，在这里开辟了狩猎场。皇帝每年都要率王公大臣、八旗精兵来这里举行以射猎和旅游为主，史称"木兰秋狝"。从康熙到嘉庆的一百四十多年里，就在这里举行木兰秋狝105次。

　　木兰围场是满语、汉语的混称。木兰是满语"哨鹿"的意思。打猎时八旗兵头戴雄鹿角，在树林里学公鹿啼叫，引诱捕杀母鹿。围场是哨鹿之所，即皇帝打猎场所。现在，围场还保留着东庙宫、乾隆打虎洞和石刻、古长城说碑等十几处清代皇帝行围狩猎和北巡围场的文物古迹，以及点将台、将军泡子、十二座连营等古战场遗址。围场更是一个四季分明、气候宜人、风景优美的旅游胜地，被赞为"水的源头、云的故乡、花的世界、林的海洋、珍禽异兽的天堂"。塞罕坝景区一百多万亩森林，一百多万亩草原，为游人提供了回归自然、旅游观光的好去处。

木兰围场>

∧ 坝上草原风光

∧ 塞罕坝景区是回归自然的好云处

 我爱河北

第三节 海滨胜地北戴河

一、山海关——天下第一关

山海关北倚燕山，南襟渤海，长城纵贯其间，紧扼华北、东北咽喉，素有"两京锁钥无双地，万里长城第一关"之称。商周属幽州，两汉设置临榆县，隋唐成为兵家争夺的战略要地。明洪武十四年（1381年），明太祖朱元璋在此筑城建关，始称山海关，成为明代万里长城的东部起点。

山海关历史文化遗存厚重，仅古城内就有总兵府、察院、卫治署、县衙署、先师庙、儒学堂、徐达庙、大悲阁以及进士坊、尚书坊等60余处文物古迹和20余座牌楼牌坊。山海关古城是万里长城上唯一的军事城防体系。明清时期，古城作为咽喉要道，成为帝王出巡、外国使节朝贡、商贾贸易、军防调遣必经的御道、驿道、贡道、官道、商道。

山海关人文荟萃，秦始皇、汉武帝、曹操、戚继光等诸多帝王、将帅、封疆大吏，留下一首首脍炙人口的诗篇；曾演绎出孟姜女哭倒长城八百里的千古传奇。目前，作为世界文化遗产地的山海关获"国家级历史文化名城"、"中国旅游胜地四十佳"、"全国文明风景旅游区示范点"、"首批国家5A级景区"、"国家级森林公园"、"国家级地质公园"、"全国万里边疆文化长廊"等称号。

万里长城从此始。山海关城是一座土筑砖包的雄伟关城，城高14米，

∧ 山海关

∧ 天下第一关匾额

 我爱河北

厚 7 米，周长 4 公里，呈正方形。整个城池与万里长城相连，以城为关。城有四门：东门面向关外，叫镇东门；西门对关内，叫迎恩门；南门面海，称望洋门；北门临北疆，称威远门。在四个城门中，气魄最大、保存最完整的是镇东门，门上有箭楼，门外有瓮城，明代书法家肖显所书的"天下第一关"巨匾就高悬在箭楼檐下。登上城楼北望，万山重叠，万里长城如一条巨龙昂首跃上群峰，蜿蜒起舞，景色异常壮观。往南看，乃是波澜壮阔的渤海，长城从山海关直逼海中。

山海关在秦皇岛市东北 15 公里，是明代万里长城东部的一个重要关隘。明洪武十四年（1381 年），朱元璋派大将军徐达在这里设山海卫，徐达见这一带"枕山襟海，实辽蓟咽喉，乃移关于此，连引长城为城之址"，次年 12 月筑起了山海卫城。卫叫山海卫，关叫山海关，因它位于山海之间。

二、老龙头——万里长城从此始

如果把万里长城比作一条翻山越岭的巨龙，那这些伸入海里的建筑就恰似龙首在吞波吐浪，因此人们把它称为"老龙头"。老龙头位于山海关城南 5 公里的临海高地上，自身形成半岛伸入渤海之中。这座呷角高地海拔 25 米，依山傍海，长城耸峙海岸。优越的地理形势，加上精心建造的军事防御工程，构成了一座名副其实的海陆军事要塞。老龙头是明代长城的东部起点，万里长城从这里入海，也是从这里开始。一登上老龙头，面对波涛汹涌、云水苍茫的大海，可以饱览独有的海上长城雄姿。纵目澄海楼，又能欣赏"长城万里跨龙头，纵目凭栏更上楼，大风吹日云奔合，巨浪排空雪怒浮"的壮丽景象。

<老龙头

三、北戴河——避暑胜地

北戴河海滨地处秦皇岛市中心的西部。受海洋气候的影响，夏无酷暑，冬无严寒，常年保持一级大气质量，没有污染，没有噪音，城市森林覆盖率54%，人均绿地630平方米。背靠树木葱郁的联峰山，自然环境优美，与北京、天津、秦皇岛、兴城、葫芦岛构成一条黄金旅游带，北戴河处于旅游带的节点。北戴河海滨避暑区，西起戴河口，东至鹰角亭，东西长约20华里，南北宽约3华里。

北戴河10公里长的沙质海滩，曲折平坦，沙软潮平，是优良的天然海水浴场。清光绪二十四年（1898年），清政府将北戴河区海滨开辟为"各国人士避暑地"，到1938年，这里被建成了一个带有殖民地色彩的避暑佳地。解放后，北戴河又新建了不少休养所、疗养院、海滨泳场、饭店、宾馆，成为了中国规模较大、设施比较齐全的海滨避暑胜地。

我爱河北

北戴河海滨>

第四节 皇家陵园：清东陵、清西陵

一、唐山遵化清东陵

　　清东陵坐落在唐山市遵化境内，康熙二年（1663年）开始修建。陵区南北长125公里、宽20公里，四面环山，正南烟炖、天台两山对峙，形成宽仅50公尺的谷口，俗称龙门口。清代在此陆续建成217座宫殿牌楼，组成大小15座陵园，以顺治的孝陵为中心，排列于昌瑞山南麓，均由宫墙、

< 清东陵牌坊

隆恩殿、配殿、方城明楼及宝顶等建筑构成。其中方城明楼为各陵园最高的建筑物，内立石碑，碑上以汉、满、蒙三种文字刻写墓主的谥号；明楼之后为宝顶，下方是停放灵柩的地宫。由陵区最南端的石牌坊向北到孝陵宝顶，由一条约12公尺宽、6公里长的神道连成一气，沿途大红门、大碑楼（圣德神功碑楼）、石像生、龙凤门、七孔桥、小碑楼（神道碑楼）、隆恩门、隆恩殿、方城明楼等建筑井然有序，主次分明。

< 慈禧陵

我爱河北

二、保定易县清西陵

　　清西陵始建于 1730 年（雍正八年），全国重点文物保护单位。位于保定市易县城西 15 公里处的永宁山下，是一片丘陵地，周围群峦叠嶂，树茂林密，风景极佳，东有 2300 多年前的燕下都故城址，西望雄伟的紫荆关，北枕高耸挺拔的永宁山，南傍蜿蜒流淌的易水河。

　　清西陵是清代自雍正时起四位皇帝的陵寝之地，共有 14 座陵墓，包括雍正的泰陵、嘉庆的昌陵、道光的慕陵和光绪的崇陵。此外还有 3 座后陵，以及若干座公主、妃子园寝。周界约 100 公里，面积达 800 余平方公里。这里有华北地区最大的古松林，数以万计的古松、古柏把这一带装点得清秀葱郁，古朴大方。陵区内千余间宫殿建筑和百余座古建筑、古雕刻，气势磅礴。

泰陵＞

燕赵山水　风光如画

第五节　华北明珠白洋淀

　　白洋淀是中国华北平原上最大的湖泊，位于河北省中部，旧称白洋淀，又称西淀，是在太行山前的永定河和滹沱河冲积扇交汇处的扇缘洼地上汇水形成。

　　一个水光潋滟的世界，一丛丛芦苇，一只只小舟，乘船进入白洋淀，看纵横交错的沟濠水道，赏密密匝匝的蒲草芦苇，观时隐时现的白洋淀鸥，听雁翎队战斗的故事。淀里河淀相连，沟壑纵横，苇田星罗棋布，成为中国特有的一处自然水景区风光。白洋淀被 36 个村庄和 12 万亩芦荡分割成大小不同的 146 个淀泊，最大的 2 万多亩，最小的 180 亩，由 3700 多条沟濠、河道，把这些淀泊串联成一座巨大的水上迷宫。

　　白洋淀水域辽阔，风景秀丽，气候宜人，四季景色分明，春季青芦吐翠，夏季红莲出水，秋天芦苇泛金，冬季淀似碧玉。自然形成的千亩荷花淀，

<华北明珠白洋淀

我爱河北

每年的农历五一八月竞相盛开，淀内香气四溢，是赏荷的最好季节。2007年5月8日，保定市安新白洋淀景区经国家旅游局正式批准为国家5A级旅游景区。

知识小百科

作家笔下的白洋淀

月亮升起来，院子里凉爽得很，干净得很，白天破好的苇眉子潮润润的，正好编席。女人坐在小院当中，手指上缠绞着柔滑修长的苇眉子。苇眉子又薄又细，在她怀里跳跃着。

要问白洋淀有多少苇地？不知道。每年出多少苇子？不知道。只晓得，每年芦花飘飞苇叶黄的时候，全淀的芦苇收割，垛起垛来，在白洋淀周围的广场上，就成了一条苇子的长城。女人们，在场里院里编着席。编成了多少席？六月里，淀水涨满，有无数的船只，运输银白雪亮的席子出口，不久，各地的城市村庄，就全有了花纹又密、又精致的席子用了。大家争着买："好席子，白洋淀席！"

（选自孙犁《白洋淀纪事》）

第六节　雄险奇幽野三坡

野三坡地处河北省西北部，保定市涞水县境内。它以"雄、险、奇、幽"的自然景观和古老的历史文物享有世外桃源美誉。野三坡是中国北方极为罕见的融雄山碧水、奇峡怪泉、文物古迹、名树古禅于一身的风景名胜区，总面积 520 平方公里。这里有嶂谷神奇的百里峡、森林繁茂的白草畔、风光旖旎的拒马河、神秘奇异的鱼谷洞、九瀑飞泻的上天沟，有着北方山岭的巍峨和连绵，又不乏江南的灵动与秀丽，更有苗、壮、傣、白等12 个少数民族的特色建筑与民俗表演。2011 年 1 月 14 日，野三坡景区通过国家 5A 级旅游景区验收。

<野三坡

第七节　千顷碧波衡水湖

衡水湖国家级自然保护区，坐落在衡水、冀州、枣强之间的三角地带，是华北平原惟一保持沼泽、水域、滩涂、草甸和森林等完整湿地生态系统

衡水湖国家湿地公园 >

的自然保护区，占地面积 283 平方公里。其生物多样性十分丰富，以内陆淡水湿地生态系统和国家一、二级鸟类为主要保护对象。

衡水湖，当地人又称为"千顷洼水库"，面积仅次于白洋淀，是华北平原第二大淡水湖，单体水面积位居华北第一。2000 年 7 月，被批准为衡水湖湿地和鸟类省级自然保护区。2003 年 6 月，被批准为国家级自然保护区。

衡水湖水源充足，水量丰沛，丰水季节，碧波粼粼，一望无际，"落霞与孤鹜齐飞，秋水共长天一色"，其景色之美，令人心旷神怡。

第八节　天下第一赵州桥

天下闻名的赵州桥坐落在赵县城南 2.5 公里处的洨河之上，距石家庄市 45 余公里。赵州桥是世界桥梁史上第一座敞肩拱石桥，建于隋代开皇年间。

　　赵州桥又称安济桥，全长 64.40 米，拱顶宽 9 米，两端宽 9.6 米，跨径 37.38 米，拱矢高 7.23 米。这座桥建得精巧新奇，造型优美，通体为巨大花岗岩石块组成，28 道独立石拱纵向并列，砌筑组成单孔弧形大桥横跨在蛟水两岸。桥大拱两端之肩上各设两个小拱，这些敞开的小拱减轻桥身重量的同时，又起到了减少流水冲力、加速畅洪的作用，设计可谓非常科学合理。赵州桥如鬼斧神工之作，千百年来，民间均传说是神仙鲁班祖师修建的。其实，赵州桥是我国隋代杰出的匠师李春和众多石匠集体建造的，有史记载。屹立 1400 年风姿不减，赵州桥成为桥梁建筑史上难得一现的秀美风景，已被国家列为全国重点文物保护单位。

<赵州桥

第九节　沧州铁狮子

　　沧州铁狮子，是我国最大的铸铁文物，当地称"镇海吼"，位于沧县

旧州城内,坐落在原开元寺前。传说古时沧州一带滨临沧海,海水经常泛滥,海啸为害,民不聊生。当地人为清除水患,集资捐钱,请当时山东有名的铸造师李云铸狮以镇海啸,取名"镇海吼"。

沧州铁狮子铸于后周广顺三年（公元 953 年）,具有较高的历史科学和艺术价值,通宽 5.35 米,身长 6.30 米,身高 6.6 米,体宽 3.0 米,重约 40 吨,素有"狮子王"的美誉。一千多年来,它饱经沧桑,1961 年,被国务院列为第一批全国重点文物保护单位。

铁狮子采用泥范明浇法铸造而成,铸造时在身上留有很多铭文。它的铸造比美国和法国的炼铁术早七八百年,所以,铁狮子在世界冶金史上具有里程碑的意义,打开世界冶金史就有沧州铁狮子,具有较高的科研、历史和珍贵艺术价值,是研究我国古代铸造技术、雕塑艺术、社会生产力发展水平和佛教史的重要的具象资料。因年代久远,历经沧桑,铁狮子腐蚀严重,多处破损,狮身下沉,曾建亭保护,未能根本改观。1984 年 11 月将铁狮子向北移位 8 米,抬高近 4 米。

沧州决定重新铸造一尊铁狮子。经过近两年的设计、铸造,120 吨重的新铸铁狮,于 2011 年 3 月 26 日安放到狮城公园 5 米高的基座上。作为沧州的象征,向世人展现沧州城市的千年历史与文化。

沧州铁狮镇海吼 >

第十节　保定：文化名城　古韵新风

　　保定市位于河北省中部。汉建制，后唐立州，元设路，明易府，清为直隶总督署，至1968年两驻省会，现为国家历史文化名城、中国优秀旅游城市。

　　保定物华天宝，人杰地灵。壮士荆轲、燕大夫郭隗、汉昭烈帝刘备、宋太祖赵匡胤、地理学家郦道元、数学家祖冲之等名人志士辈出。文物古迹众多，有世界文化遗产清西陵，有全国保存最完好的清代衙署直隶总督署，有出土金缕玉衣、长信宫灯的西汉靖王满城汉墓，涿州双塔、北岳庙、安国药王庙、腰山王氏庄园、古莲花池、燕下都遗址、定窑遗址、冉庄地道战遗址等47处国家级文物保护单位，111处省级文物保护单位，504处市（县）级文物保护单位，1600余处不可移动的文物点，有8万余件馆藏文物，凝古聚珍，神光灵藏。红色文化丰厚，在中国现代文学史上诞生了以著名作家孙犁"荷花淀"派为代表的保定作家群。《荷花淀》、《红旗谱》、《小兵张嘎》、《敌后武工队》、《青春之歌》、《野火春风斗古城》、《地道战》等电影、文学作品激励了一代又一代中国人。

　　保定的直隶总督署位于保定市裕华路，是清代直隶总督的办公处所，是直隶省的最高军政机关，也是我国现存的唯一一座最完整的清代省级衙署。始建于明洪武年间，初为保定府署，永乐年间为大宁都司衙署。自清雍正八年（1730）直隶总督驻此，直到清亡后废止，历经182年，可谓清王朝历史的缩影，历史内涵十分丰富，曾驻此署的直隶总督共59人66任，如曾国藩、李鸿章、袁世凯、方观承等。民国年间是直系军阀曹锟的大本营。

我爱河北

抗日战争和解放战争期间，曾是日伪和国民党河北省政府所在地，有"一座总督衙署，半部清史写照"之称。中华人民共和国建立后，河北省人民政府也曾驻此。1988年1月被国务院公布为第三批全国重点文物保护单位。

　　直隶，因其直接隶属京师而得名。清王朝问鼎中原后承袭明制，在全国继续推行行省制度，地处京师附近的北直隶被改为"直隶省"。清初所设置的直隶省，至光绪年间，其辖区包括今河北、北京、天津和山东、山西、河南、辽宁、内蒙古的一部分。明代临时性的军事官职"总督"，逐渐成为清代地方最高军政长官，乾隆年间督抚制度日趋成熟后，直隶总督因直隶省独特的地理位置而名列全国八督之首。

∧ 保定直隶总督署

燕赵山水　风光如画

第十一节　正定：八朝古建　千年古韵

正定地处华北平原中部，毗邻省会，是一座具有悠久历史的文化古城。早在春秋时期即为鲜虞国国都，战国时期为中山国属地，后归赵。秦时属恒山郡，汉高祖刘邦改为真定。清雍正元年（公元 1723 年）改真定为正定，沿用至今。

正定现存文物古迹众多，其中隆兴寺、临济寺、文庙、须弥塔、华塔、澄灵塔、凌霄塔等国家级、省级重点文物保护单位 14 处，市、县级重点文物保护单位 24 处，号称"八朝古建、千年古韵"。

始建于隋开皇六年的隆兴寺气势恢弘，被誉为"京外第一名刹"。隆兴寺又叫大佛寺，位于正定县，占地 82500 平方米，寺内有六处文物堪称全国之最：被古建专家梁思成先生誉为世界古建筑孤例的宋代建筑摩尼殿；被鲁迅先生誉为"东方美神"的倒坐观音；中国早期最大的转轮藏；被推崇为隋碑第一的龙藏寺碑；中国古代最高大的铜铸大佛；中国古代最精美的铜铸毗卢佛。此外，寺内东北侧还建有集文物展示、旅游休闲为一体的明清代园林龙腾苑。正门（南门）外为一座高大的琉璃照壁，寺内建筑主要有天王殿、天觉六师殿（遗址）、摩尼殿、牌楼门戒坛、慈氏阁、转轮藏阁、康熙乾隆二御碑亭、大悲阁、御书楼和集庆阁、弥陀殿、龙泵牛亭以及从崇因寺前来的毗卢殿等，其中天王殿、摩尼殿、转轮藏阁、慈氏阁是寺内保存最为完整的四座宋代结构风格的殿宇，尤以摩尼殿的价值最高。

隆兴寺大悲阁内的铜铸千手观音，被称为"正定大菩萨"，与沧州狮子、定州塔、赵州大石桥并称为"河北四宝"，这是中国现存最高大的古代铜

正定隆兴寺>

铸佛教造像。隆兴寺内还藏有四十余通古碑，以隋朝时期的龙藏寺碑最为著名，结构朴拙，楷中留隶，方正有致，是魏碑往唐碑过渡时期的代表作。

正定素有"藏龙卧虎之地"的美誉，秦时南越王赵佗，三国名将赵子龙，明代吏部尚书梁梦龙，清代大学士梁清标，文学家王禹、蔡松年、蔡佳，著名工程学家怀丙，著名元杂剧作家白朴、李文蔚、尚仲贤均系正定籍人。

第十二节　邯郸：成语古都　太极圣地

邯郸历史悠久，文化灿烂，英才辈出。早在 7000 多年前，就已有人类生活在这里了。到了商代，早期的城市开始兴起，邯郸城逐渐发展起来。春秋战国时，赵国赵敬侯迁都邯郸，邯郸迅速繁荣，成为赵国的政治、军事、经济、文化中心。秦统一六国后，邯郸位列天下三十六郡治所之一。西汉时更是与洛阳、淄博、成都、宛城（今河南南阳）齐名的全国五大都会。

漫长的历史造就了别具特色的文化，邯郸被称为中国的成语典故之乡，"胡服骑射"、"邯郸学步"、"完璧归赵"、"负荆请罪"、"黄粱美梦"、"毛遂自荐"等3000多条成语都和邯郸的历史文化密切相联；同样，在邯郸的历史长河中，赵武灵王、蔺相如、廉颇、荀子、赵奢、李牧等也都在中国的史书上留下了光辉的一页。

邯郸是国家优秀旅游城市，旅游资源丰富，著名景点有磁山文化遗址、武灵丛台、长寿村、京娘湖、武当山、黄粱梦吕仙祠、娲皇宫、响堂山石窟及晋冀鲁豫烈士陵园、八路军129师司令部旧址等。

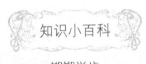

知识小百科

邯郸学步

成语"邯郸学步"出自《庄子·秋水》。春秋战国时期，赵国的都城邯郸一带地方，人们不仅穿衣打扮很得体，就连走路的姿态也很美。有一个寿陵人到邯郸去学走路，结果没学好，反倒连自己原来走路的方法也忘掉了。等到他回寿陵的时候，只好爬着回去了。后来，人们用"邯郸学步"或"学步邯郸"这句成语，比喻只知道盲目地模仿别人，结果连自己原来的技能本领也丢掉了。

＜邯郸学步桥

我爱河北

第十三节　邢台：殷商古都　守敬故里

　　邢台市简称为"邢"，别称卧牛城、邢襄，旧称邢国、襄国、邢州、顺德府。位于太行山东麓、古黄河西岸这片独特的大山、大河结合地带上。太行山为中华民族的脊梁，黄河为中华民族的摇篮，故邢台处于中华文化的核心地带。有3500余年的建城史，曾历五朝古都，为河北省最古老的城市，是元代大科学家郭守敬的故乡，素有"鸳水滨，襄国故都，依山凭险，地腴民丰"的美誉。邢台是省级历史文化名城和省级园林城市，也是中国田径之乡、中国七夕文化之乡和中国太阳能建筑城，是冀南重要的中心城市和新型工业基地，又是具有浓郁历史文化特色的生态园林城市和历史文化名城。

邢台市皇寺镇郭守敬故里＞

燕赵山水　风光如画

第十四节 定州：古国都市 华北重镇

　　定州地处京津之翼、保石之间，为河北省历史文化名城。

　　定州历史悠久，人文荟萃，名胜古迹众多，文化底蕴深厚，历代设州置府，历史上就是辐射周边的政治、经济、文化中心。现存的定州古城形成于明清时期，其规模之宏大、建筑设施之完备当时在京畿之南首屈一指。现有全国重点文物保护单位开元寺塔、定州贡院、汉中山王墓、静志寺塔基地宫、净众院塔基地宫、大道观玉皇殿、晏阳初旧居7处；省级文物保护单位南城门、清真寺、北庄子汉墓石刻、文庙等古建筑、古墓葬、古遗址15处；市级文物保护单位有53处。馆藏文物5万余件，其中尤以西汉

<定州贡院

我爱河北

竹简、东汉透雕神仙故事玉座屏、东汉二龙衔环谷纹玉璧、东汉掐丝镶嵌金辟邪、唐代鎏金錾花银塔、北宋白釉龙首莲纹大净瓶及定瓷最为著名。

定州是中山文化的主要发祥地。定州秧歌、鳌山灯、七巧舞、水兽灯舞、跑旱船等民间文化艺术丰富，子位吹歌被列入河北省非物质文化遗产。

第十五节　宣化：京西首府　璀璨明珠

宣化城北靠泰顶山，南临洋河水，是镶嵌在阴山山脉东段山间盆地之中的一颗璀璨明珠，为河北省历史文化名城，素有"京西第一府"的美誉。

宣化的历史源远流长。夏商时先后归属冀州、幽州，春秋时为燕国北境。

∧宣化古城拱极楼

燕赵山水　风光如画

最早使用"宣化"名称是金代，后来行政建制和名称屡经变迁，至清康熙三十二年（1693年）定名"宣化"，沿用至今。宣化现存国家级文物保护单位3处：宣化古城（含清远楼、镇朔楼、拱极楼及古城垣）、下八里辽墓群、时恩寺；省级文物保护单位4处；市、区级文物保护单位19处。浓厚的文化底蕴培育出独特的民俗风情。王河湾挎鼓，经典鼓点"凤凰三点头"极具民间艺术特色。宣化剪纸，将民间剪纸与中国写意画相结合，突破了"剪"和"纸"的局限。白蜂糕、糖拉拉、油布袋等数十种传统民间小吃，留存着古城宣化这一方水土孕育出的独特味道。

第七章

转身向海 全力崛起

　　河北省有着"一个全国独有、一个前所未有"的优势和机遇。一个全国独有：环京津、沿渤海的区位优势；一个前所未有：2011年10月27日，国务院批复《河北沿海地区发展规划》，河北沿海地区发展上升为国家战略，把河北省沿海地区定位为"环渤海地区新兴增长区域"，冀中南地区被列为国家层面的重点开发区域，为河北发展提供了千载难逢的机遇。

∧ 2013 年河北港口集团提前实现首季生产"开门红",有力地助推了"经
  济强省、和谐河北"的建设

第一节　现代特色农业构筑发展新格局

近年来，河北省明确发展现代特色农业新思路。

发展现代特色农业，规模化、集约化经营是基础和关键。为此，河北加快发展区域特色优势种植业，突出抓好优质专用小麦玉米、杂交谷子、马铃薯种薯三类优势粮食作物和蔬菜、棉花、中药材三类高效经济作物的规模化、集约化生产，特别是把优质小麦、专用玉米作为特色发展的重点。建设冀南、冀中南、冀中北、冀东四个优质小麦产区，稳定发展中筋小麦，积极发展强筋小麦，扩大种植适用于面包、馒头、面条、水饺的小麦品种。2012年优质小麦面积发展到2800万亩，总产达到100亿公斤；建设京广、京山沿线、张承坝下、黑龙港四个优质专用玉米产区，大力发展鲜食、青贮玉米，2012年专用玉米发展到3500万亩，总产达到124亿公斤。

在发展粮食特色产区的同时，还将以示范县建设和标准园创建为抓手，

河北大厂现代农业科技 >
示范园区的温室大棚

转身向海　全力崛起

加强新一代温室大棚和苗种基地建设，建设一批 1000 亩的设施蔬菜标准园或 2000 亩的特色露地蔬菜标准园；大力开展"三品一标"认证，扶持培育一批地域特征显著、品质特色明显的蔬菜品牌；大力推广"冀园一品"集体商标，叫响这个河北的地域品牌。此外，还将充分发挥市场、气候、资源三大优势，围绕打造奶牛、蛋鸡、生猪三大优势产业，培育肉、肉鸡、皮毛动物养殖三大特色产业，创建 1000 个部省级标准化规模养殖示范场，建设一批优质畜产品生产基地，打造一批标准化养殖示范区。按照"稳捕增养、安全平安、突出特色、打造品牌"的思路，以唐山对虾、秦皇岛海参、昌黎扇贝、黄骅海蟹、胜芳河蟹、中华鳖等六大特色品种为突破口，重点扶持着力培育一批有实力、带动能力强、发展潜力大的领军企业或合作社，打造一批拿得出、叫得响的知名品牌。

继续以乳品、肉类、粮油、蔬菜、果品、水产品六大产业为重点，加快农业产业化经营步伐，抓好首批 4 个国家级农业产业化示范区建设，尽快启动 30 个省级示范区建设，以加工园区为重点，促进产业集聚、项目集聚、企业集聚，完善产业链条，培育一批质量水平高、生产规模大、市场影响力和竞争力强的名牌产品。

第二节　六大支柱产业撑起工业脊梁

一、钢铁产业

河北是中国钢铁大省，钢铁工业产能占全国的 1/5 强，产量连续 9 年

∧ 邯钢：河北钢铁由大变强的支点

居全国首位。唐钢、邯钢、承德钒钛强强联合，2008 年组建河北钢铁集团，建成全国最大的优质建材基地、全国最大的钒钛基地和全国最大的精品板材基地。

二、装备制造产业

　　装备制造业以高速动车组列车、中大型变压器、轻型载货汽车为代表。中国首台国产时速达 350 公里的动车组和首列具有完全自主知识产权的实用型常导中低速磁悬浮列车在唐山下线，大型变压器、轻型载货汽车等六类产品产量在全国同行业中名列前茅，造船工程已开始启动。保定天威、张家口宣工、山海关船舶、长城汽车、长安汽车、唐山轨道客车有限公司等一大批知名企业和知名品牌享誉国内外。

转身向海　全力崛起

∧唐山轨道客车有限公司研制的新一代高速动车组投入沪杭城际高
速铁路运营

三、石油化工产业

　　河北石油化工产业形成了比较完整的产业体系，基础雄厚。企业基础较好，拥有沧州大化集团、唐山三友集团、旭阳焦化集团等一大批实力企业。境内的南堡、华北、大港油田及临港区丰富的海盐资源及土地资源，为河北石油化工产业提供了得天独厚的物质保障，具备石化工业和氯碱工业结合的良好条件，是中国最大的 TDI 生产基地。基础本就雄厚的河北石油化工产业开始加快优化升级的步伐，谋划了一批新的项目，如沧州大化IDL、华北石油升级改造、石家庄炼化、曹妃甸大型炼化一体化基地等。

四、传统产业

　　医药、建材建筑、食品、纺织服装等河北传统优势产业在调整中加快升级，已具备一定的竞争优势。化学原料药总产量以及青霉素、维生素 C、维生素 B-12 等产品产量居全国第一位，中药制造及生物制药在全国具有较强的技术优势；卫生陶瓷产量居全国第三位，水泥产量名列全国前茅；方便面、葡萄酒、小麦粉、味精、饼干等产量居全国前五位；羊绒产量、出口量居全国首位。

五、服务业

加快发展服务业是河北经济结构调整、转变发展方式的重要战略举措，优惠的政策倾斜，再加之得天独厚的区位、市场、交通优势，为河北服务业的发展提供了无限商机，现代物流、金融保险、信息服务、旅游业、文化产业、商贸流通等各个领域均呈现出蓬勃发展的景象。文化产业中的动漫产业蓬勃发展，保定动漫产业园和石家庄动漫创意产业园初具规模，石家庄市被授牌为"国家动漫产业发展基地"。市场建设位居中国前列，石家庄新华集贸中心市场和南三条小商品批发市场跻身于中国十大市场之列，石家庄正定国际小商品市场一期工程是目前中国北方单体建筑面积最大的小商品市场，辛集皮革商城、安国东方药城、白沟箱包专业市场、安平丝网大世界、清河羊绒市场等专业特色市场在全国独树一帜。

六、高新技术产业

河北高新技术产业已具备较好的发展基础，主要集中在电子信息、生物技术、新材料、新能源等优势产业领域。石家庄市是国家认定的国家生物产业基地之一；保定"中国电谷"是国家首批认定的两个国家新能源高

∧ 晶龙集团是世界上最大的太阳能单晶硅生产基地

技术产业基地之一；英利绿色能源是光伏产业全球第四、中国唯一具备完整光伏产业链的企业；晶龙集团是世界上最大的太阳能单晶硅生产基地，连续7年产量居世界第一位；廊坊市是中国北方重要的电子信息产业基地。

第三节　转身向海 打造沿海经济隆起带

河北正在打造以曹妃甸科学发展示范区、沧州渤海新区和秦皇岛临海经济区等为重点的沿海经济隆起带，为大型企业集团提供了巨大的发展空间，首钢集团、华润电力集团、中国石化、中国石油、北京铁路局等大型企业集团纷纷到这里投资置业。

我爱河北

一、曹妃甸科学发展示范区

位于唐山南部的曹妃甸，是中国的"黄金宝地"，环渤海地区的"耀眼明珠"。毗邻京津冀城市群，距唐山市中心区 80 公里，距北京 220 公里，距天津 120 公里，距秦皇岛 170 公里。曹妃甸水深岸陡，不淤不冻，岛前 500 米水深即达 25 米，深槽达 36 米，是渤海最深点。"面向大海有深槽，背靠陆地有浅滩"，独特的自然地理特征，为大型深水港口建设和临港产业发展提供了优越条件。曹妃甸地处环渤海区域的中心，拥有良好的重化工业发展基础，曹妃甸科学发展示范区是中国"十一五"期间最大的项目集群，重点发展港口物流、钢铁、石化、装备制造四大主导产业，将被打造为河北第一经济增长极。

二、沧州渤海新区

位于河北省东南部，东临渤海，南接山东，北依京津，核心区面积 830 平方公里，海岸线 130 公里，12 万人口。沧州渤海新区包括港城区、中捷产业园区、化工产业园区和南大港产业园区，新区在环京津、环渤海区域和建设沿海经济社会发展强省中具有重要地位。沧州渤海新区地处环渤海中心地带，港口、区位、交通、腹地、土地和环境容量、产业等综合优势明显。区内的黄骅港位于渤海湾穹顶处，是河北中南部六市、神黄铁路沿线和晋陕蒙等中西部地区陆路运输距离最短的港口，是全国第二大煤炭输出港。以黄骅港为中心的沧州渤海新区，集港口、港城、工业园区于一体，重点发展石油化工业、装备制造业和物流业，将被建成为河北第二

转身向海　全力崛起

经济增长极。

三、秦皇岛临海经济区

地处正在迅速崛起的环渤海经济圈中心地带，毗邻京津，联结华北和东北两大经济区，距首都北京280公里，距天津220公里，距石家庄480公里。秦皇岛临海经济区将发展成为环渤海地区重要的对外开放窗口。拓展港口功能，大力发展高新技术、重大装备、食品加工、滨海旅游等产业，成为环渤海经济带上的新亮点。产业布局上，西区发挥工业基础好、设施配套齐全的优势，侧重开发精密型、高新技术产业，集中布局科技型企业、技术研发机构，突出西区高新技术产业特色；东区侧重开发重型、大型制造业和现代物流业，集中布局港口依托型重大装备制造、食品加工及物流企业，突出东区临港型和高外向度的经济特色。秦皇岛港是中国最大的能源输出港，在煤炭大港的基础上，正在加快发展集装箱和其他散货运输等综合运输业务。秦皇岛港的散货吞吐量名列世界散货港口第一名。

∧秦皇岛港的散货吞吐量名列世界散货港口第一名

我爱河北